Oliver Hoffmann

Allerley Gaertnerey

Oliver Hoffmann

Allerley Gaertnerey

Der mittelalterliche Garten

REGIONALIA
VERLAG

Oliver Hoffmann
Allerley Gaertnerey, Der mittelalterliche Garten
Copyright © 2013 by Regionalia Verlag GmbH, Rheinbach
Alle Rechte vorbehalten

Bilder auf Cover, Rückseite, Seite 1 bis 3
Cover und Seite 1: Impression am Marburger Schloss, Foto: Bruno Hof
Rückseite: siehe Seite 49 in diesem Buch
Seite 2: Klostergarten und Kreuzgang, Unterlinden-Museum in Colmar,
ehem. Dominikanerinnen-Kloster, © Fotolia (ferretcloud)
Seite 3: Impression auf Burgruine Olbrück (Eifel), Foto: Bruno Hof

Layout und Einbandgestaltung: Beata Salanowski für Lydia Muhr, agilmedien, Niederkassel
Printed in Italy 2013

ISBN 978-3-939722-78-6

www.regionalia-verlag.de

Inhalt

Vorwort

Bei meinem letzten Zoobesuch spielte sich folgende kleine Anekdote ab. Die Pfleger warfen zur Fütterungszeit halbierte runde Knollen in das Tiergehege. Eine Schulklasse war vor Ort und die Schüler begannen zu rätseln, womit die Tiere gefüttert werden. Es wurden Vorschläge gerufen wie Kartoffeln oder sogar Brot. Mit meiner Auskunft, dass es sich um Rote Beete handle, erntete ich überwiegend fragende Gesichter. Die Reaktionen lagen eher zwischen „Was ist das denn?" bis „Ist das nicht ein Nachtisch?".

Das zeigt ein wenig, wie sich das Verhältnis zur Natur gewandelt hat – eine eigenartige Diskrepanz hat sich heutzutage darin entwickelt. Auf der einen Seite zeigen immer mehr Menschen ein gesteigertes Umweltbewusstsein, das seit den 1980er Jahren stets ausgeprägter wurde. Es wird im Bereich der Ernährung zum Beispiel mehr und mehr Wert auf Bio-Produkte gelegt. Auf der anderen Seite können viele, und nicht nur jüngere Menschen die heimischen Pflanzen oder Gemüsesorten in der Natur gar nicht mehr unterscheiden oder bestimmen. Wer erkennt schon eine Selleriepflanze auf dem Feld oder hat schon mal von Ysop gehört? Hunger leiden muss hierzulande deswegen kaum jemand.

Für die Generationen im Mittelalter war das Wissen um Pflanzen und ihre Pflege jedoch überlebenswichtig. Der heimische Garten war eher ein Platz, um Nahrung zu beschaffen. Und so waren frühe mittelalterliche Gärten in erster Linie Nutzgärten. Aber auch zu jener Zeit gab es Ansätze, die über einen reinen Gemüsegarten hinausgingen. Insbesondere an den Adelshöfen bewegte man sich in späteren Phasen des Mittelalters durch verschiedenste Einflüsse auf repräsentative Konzepte zu. Den Mönchen in den Klöstern diente der Garten auch als Ort der Besinnung und Kontemplation.

Nirgendwo in unseren Breiten sind die Berührungspunkte von Mensch und Natur unmittelbarer als im eigenen Garten. Unserer Vorstellung nach ist insbesondere das Mittelalter von dieser engen Verbindung geprägt, so dass es diese Diskrepanz damals nicht gab. Bedauerlicherweise gibt es keine Gärten, die unverfälscht den Weg aus dieser Epoche in unsere Zeit gefunden haben. Dieses Buch möchte zum einen die reizvolle und naturnahe Atmosphäre der Gärten jener Zeit aufleben lassen, zum anderen aber einen Weg aufzeigen, wie man sich im eigenen Garten eine – möglichst authentische – grüne mittelalterliche Oase schaffen kann.

Oliver Hoffmann

Der barocke Klostergarten in Neuzelle

Kurze Geschichte der Gartenkunst

Die Wurzeln der europäischen Gartenkunst lassen sich bis in die Frühzeit der Kulturen an Nil, Euphrat und Tigris verfolgen. Bereits im alten Ägypten sind Zeugnisse gezielt geschaffener Gartenanlagen nachweisbar. Verschiedene Grabungsfunde und bildliche Darstellungen in den alten Gräbern belegen dies.

Ähnlich der Architektur unterliegen die überlieferten Gärten in Ägypten ebenfalls einer geometrischen Ordnung. Rechteckige Grundrisse sind die Basis einer Gartenbaukunst, die sich vorwiegend in unmittelbarer Nähe von Prachtbauten wie Paläste oder Tempel wiederfindet.

Die spezielle geografische Lage des Pharaonenreichs, also eine weitgehende Isolation durch fast unüberwindbare natürliche Grenzen wie Wüstengebiete, führten zu einer langen friedlichen Phase, in der auch vergänglichen Dingen wie Gärten Zeit zur Entwicklung gegeben werden konnte. Geprägt wurde die altägyptische Landwirtschaft durch die jährlich wiederkehrenden Überschwemmungen des schmalen und schier endlos langen Niltals, die geschickt genutzt wurden, um mit Hilfe von ausgeklügelten Bewässerungssystemen eine intensive und ertragreiche Landwirtschaft entstehen zu lassen. Die alten Quellen zeigen somit auch vorwiegend Nutzpflanzen und Methoden der Bewässerung.

Die geografischen und kulturellen Voraussetzungen, aber auch die natürlichen Abläufe im Vorderen Orient waren grundlegend andere.

Erstens ist bemerkenswert, dass es in Mesopotamien schon immer einen regen Austausch zwischen den Völkern gab, da – anders als in Ägypten – keine natürlichen Grenzen die Region

isolierten. Weil sich Mesopotamien zu einem wichtigen und reichen Handelszentrum entwickelte, waren die Begehrlichkeiten groß zwischen den Völkern; und so wurde das Land häufig von kriegerischen Auseinandersetzungen gebeutelt. Insofern ist es auch nicht verwunderlich, dass nur wenige Zeugnisse der damals herrschenden Gartenkultur erhalten geblieben sind. Trotzdem ist der orientalische Einfluss auf die mittelalterliche Gartenbaukunst ungleich höher als der ägyptische, denn im Laufe der Jahrhunderte gab es enge Verknüpfungen zum europäischen Raum. Sei es beispielsweise durch Alexander den Großen oder durch die späteren Kreuzzüge.

Zweitens trocknete das Land zwischen Euphrat und Tigris nach den reißenden Überschwemmungen schnell aus. Außerdem waren beide Ströme unberechenbar, denn sie änderten im Laufe der Jahrhunderte ihre Flussläufe. Dies führte – wie in Ägypten – dazu, dass umfangreiche Bewässerungssysteme ersonnen wurden. Hinzu kam aber auch, dass die Menschen große Staubecken anlegten.

Die in verschiedenen Quellen beschriebenen Gärten der Assyrer waren besonders durch den Baumbestand geprägt. Bereits im uralten Gilgamesch-Epos werden parkähnliche Landschaften erwähnt. In jüngeren Quellen werden Parks beschrieben, die mitunter sogar durch Tiere ergänzt wurden.

Die berühmten „hängenden Gärten von Babylon" schafften es sogar auf die Liste der Sieben Weltwunder der Antike. Die terrassenartig angeordneten Gärten wurden vermutlich zu Ehren von Nebukadnezar II. im 6. Jahrhundert vor unserer Zeitrechnung angelegt. Natürlich spielten dabei verschiedene Bäume wie Aka-

Kurze Geschichte der Gartenkunst

zien, Palmen oder Zypressen eine wichtige Rolle, aber es finden sich auch schon zu Zeiten der Assyrer und Babylonier Hinweise auf Weinanbau.

Über die Perser, die vieles von der assyrischen Kultur übernahmen, gelangten die alten Kenntnisse ins antike Griechenland. Dort besaß die Gartenbaukunst Wurzeln in der minoischen und mykenischen Kultur. In den Werken des Dichters Homer sind umfangreiche Beschreibungen von Nutzgärten enthalten. Er schildert dort Obst- und Gemüsegärten, auch Weingärten und erwähnt namentlich Oliven- und Feigenbäume. Zudem gaben die Perser offensichtlich auch den Baumkult der Assyrer weiter, denn Homer berichtet von Baumhainen – Heilige Haine –, die der Verehrung von Göttern oder Helden dienten.

Mit Ausnahme der Akademien, die den griechischen Philosophen als Schulen dienten, waren prunkvolle Privathäuser mit aufwendigen Gärten in Griechenland nicht erlaubt. In diesen Akademien entstanden die sogenannten Peristylgärten, also Grünanlagen, die auf allen Seiten von durchgehenden Säulenhallen umgeben sind. Die mit dem Verbot einhergehende zwischenzeitlich stagnierende Entwicklung der Gartenkunst in Griechenland wurde erst durch die Perserkriege im 4. Jahrhundert v. Chr. wieder in Schwung gebracht. Der Schriftsteller und Feldherr Xenophon beschrieb nach seiner Rückkehr aus Persien die dort angelegten Parkanlagen und bezeichnete sie als „Parádeisoi" (persischen Ursprungs und bedeutet in etwa „umgrenzter Bereich"). Es ist unschwer zu erkennen, dass sich davon das Wort „Paradies" ableitet. Xenophons Schilderungen jedenfalls führten zu einem Aufschwung in der Gartenarchitektur. So wurden exotischen Pflanzen und Blumen eingeführt und in zahlreichen Städten wurden Parks und Gärten angelegt.

In der frühen Zeit des römischen Reiches waren betuchte und einflussreiche Bürger vor allem Landwirte. Die meiste Zeit lebten sie vor der Stadt und bezogen ihre Stadtresidenz nur für kurze Zeit. Die Landwirtschaft, insbesondere der Anbau von Obst und Gemüse, war die Grundlage des Wohlstandes. Wer sein Landgut verkommen ließ, wurde sogar bestraft. Im Vordergrund stand dabei der wirtschaftliche Nutzen der Gärten.

Mit der Zeit wuchs die Stadt Rom und das Verhalten der Bewohner wandelte sich. Die Bürger der führenden Oberschicht zogen nunmehr lediglich in den Sommermonaten auf das Land und verweilten überwiegend in der Stadt. Diese Stadtvillen wurden anscheinend zum Ausgleich gärtnerisch aufwendig aufgewertet. Und so brachten die Römer den Garten gewissermaßen ans Haus. Denn zu jeder Villa gehörte nun ein Garten mit Bäumen, Beeten, Blumen und Laubgängen. Die griechischen Peristylgärten wurden weiterentwickelt und reich ausgestattet mit Skulpturen, Fresken, Teichen und Springbrunnen.

Auch die Verwendung des Landguts verschob sich später zu repräsentativen Zwecken. Ein berühmtes Beispiel dafür ist die Hadriansvilla nahe dem heutigen Ort Tivoli. Die zu Beginn des 2. Jahrhunderts n. Chr. erbaute Residenz von Kaiser Hadrian umfasste ein Areal von rund 300 Hektar und beherbergte neben einer Vielzahl von Villen und Gästehäusern zudem Theater, Bibliotheken, Thermen, eine Gladiatorenarena und ein Stadion. Das Gelände war durchsetzt mit Gärten und Parkanlagen. Als ein vorherrschendes Gestaltungselement wurde Wasser in Form von Teichen, Kanälen, Brunnen und Wasserfällen verwendet. Der Gipfel war sicherlich das Teatro Marittimo, ein rundes Wasserbecken mit einer Insel, zu der man

über Brücken gelangen konnte. Auf dieser Insel stand eine kleine Villa.

Die Hadriansvilla ist ein Beispiel für das Bestreben der Römer, Villen und Gärten harmonisch in die herrschende Landschaft und deren Schönheit einzufügen.

Neben der Gestaltung prunkvoller privater Gärten wurde damals aber auch die Schaffung von öffentlichen Grünanlagen vorangetrieben. Diese Parks wurden vor allem mit Platanen, Pinien und Zypressen ausgestattet, eine Auswahl, die man heute noch in italienischen Parkanlagen antreffen kann.

Die einsetzende Völkerwanderung und der Verfall des Weströmischen Reiches führten vor allem in West- und Mitteleuropa zu einer Abkehr von der repräsentativen Idee in der Gartenkunst. Zu allererst stand nun der Sicherheitsgedanke im Vordergrund.

Im zweiten Kapitel geht dieses Buch detaillierter auf die Entwicklung des Gartenbaus im Mittelalter ein. An dieser Stelle sei festgehalten, dass Gärten während dieser Epoche in erster Linie zur Sicherung der Ernährung dienten. In den Klöstern als Mittelpunkt der europäischen Kultur entstanden die sogenannten Klostergärten.

In den späteren Phasen des Mittelalters sorgten Einflüsse aus dem Islam (siehe Maurische Gärten) und die Verlagerung von Kultur und Bildung in weltliche Zentren wie Burgen oder Städte zu einem Umdenken auch bezüglich der Verwendung von Gärten. Teilweise stand wieder der gesellschaftliche und repräsentative Gedanke im Vordergrund.

Die Renaissance führte die Menschen aus dem Mittelalter in die Neuzeit. Verschiedene Ereignisse nahmen wesentlichen Einfluss auf die politische und kulturelle Entwicklung in Europa und darüber hinaus. Die Entdeckung Amerikas und des Seewegs nach Indien brachten Wohlstand. Man konnte sich wieder mehr mit Dingen beschäftigen, die über das tägliche Brot hinausgingen. Die Erfindung des modernen Buchdrucks führte zu einer rascheren Verbreitung von Wissen. Der Beginn der Reformation und der damit einhergehende Verlust an Einfluss der römisch-katholischen Kirche in weiten Teilen Europas förderten zudem den fruchtbaren Austausch von Wissen und Ideen. Wer zeitgemäß sein wollte, beschäftigte sich mit antiker Kunst und Architektur. In diesem Fahrwasser veränderte sich auch die Gartenbaukunst.

Italien wurde zum Vorreiter dieser Entwicklung. In seinem 1452 veröffentlichten Werk „Über die Baukunst" bezieht sich Leon Battista Alberti auf die antike Architektur und deren Gärten und sorgte für eine „Wiedergeburt" insbesondere der römischen Villen mit ihren reich ausgestatteten Grünanlagen. Aus den Vorgaben Albertis bildete sich der sogenannte italienische Renaissancegarten mit einer klassischen, geometrischen Ordnung heraus. Charakteristisch waren immergrüne Hecken, eine große Auswahl an Blumen, Wasser als dekoratives Gestaltungselement in Form von Kaskaden, Fontänen oder Becken und die Verwendung von Treppen und Rampen, um Niveauunterschiede im Gelände elegant zu überwinden. Die Anlage sollte im Einklang zwischen Natur und Architektur gestaltet werden. Als Brücke dienten dazu Skulpturen und Plastiken, die als Blickfänge in den Gärten aufgestellt wurden. Dieser schöpferische und kunstvolle Stil schwappte von Italien aus nach ganz Europa über, zuerst nach Frankreich. Ein Feldzug des französischen Königs Karl VIII. nach Italien führte zu einem wah-

Der Rosengarten in Bamberg, angelegt als Barockgarten im 18. Jahrhundert, der wiederum einen Renaissancegarten ersetzte

Kurze Geschichte der Gartenkunst

ren Bauboom in dessen Heimat. Zum Beispiel wurden mehrere Schlösser entlang der Loire ausgebaut. Die zu dieser Zeit noch mittelalterlichen Gärten in Frankreich ließ man nach italienischem Vorbild umgestalten.

Zeitlich etwas später wurden in England (z. B. Hampton Court) und Deutschland (z. B. Hortus Palatinus in Heidelberg) ebenfalls Anstrengungen unternommen, Gärten nach italienischem Stil anzulegen. Die englische Ausprägung war zudem von französischen Elementen durchsetzt, da in dieser Zeit viele französische Gärtner nach England auswanderten. Der italienische Einfluss war dagegen in Deutschland entscheidender. Allerdings ließ sich der mittelalterliche Ursprung der meisten Gärten nicht leugnen, denn man übernahm oft nur einzelne Elemente, ohne dabei auf die Gesamtwirkung zu achten.

Um exotische und aufwendige Gartenanlagen zu schaffen, wurden während der Renaissance viele Zierpflanzen aus anderen Regionen und Ländern nach Mitteleuropa eingeführt. Bekannt ist beispielsweise die Orientalische Periode (ca. 1560–1620), in der unter anderem Tulpen, Hyazinthen und Narzissen ihren Weg nach Europa fanden.

Einen Höhepunkt in der Entwicklung erreichte die europäische Gartenkunst während des Barocks. Europa befand sich in der ersten Hälfte des 17. Jahrhunderts fast vollständig im Krieg. Aus dem Westfälischen Frieden von 1648, der den Dreißigjährigen Krieg beendete, ging Frankreich gestärkt hervor und avancierte nicht nur zu einer politischen Führungsmacht in Europa, sondern erfuhr auch einen wirtschaftlichen Aufschwung. Die französischen Könige als absolute Herrscher neigten auch in der von ihnen bevorzugten

Architektur und Gartenkunst zur Demonstration ihrer Macht und ihres Wohlstandes.

So entwickelte sich aus den Vorgaben des Renaissancestils der sogenannte Barockgarten, auch französischer Garten genannt. Hier wurde ebenfalls bei der Gestaltung der Gartenanlagen auf eine geometrische Ordnung und Symmetrie geachtet. Auffällig ist vordergründig, dass der barocke Garten eine ungleich größere Fläche einnimmt. Im Wesentlichen unterscheiden sich beide Stile aber dadurch, dass im Barock eine konzeptionelle Einheit zwischen den Gebäuden und der Gartenanlage bestehen soll. Von der Mitte des Schlosses wurde häufig eine zentrale Sichtachse angelegt. Von

Die Gärten des Schlosses Villandry an der Loire. Die auf drei Ebenen angelegte Anlage wurde nach historischen Vorlagen rekonstruiert.

dort schloss sich ein geometrisch angeordnetes Netz von Haupt- und Nebenwegen an. So entstanden viele kleine Segmente, die in unterschiedlichen Formen bepflanzt und gestaltet wurden.

Kurze Geschichte der Gartenkunst

Der klassische Aufbau eines Barockgartens unterteilt sich in Parterre, Boskett und Wald. Das Parterre ist dem Schloss am nächsten gelegen und in der Regel am aufwendigsten gestaltet, da man vom Schloss aus darauf schauen konnte. In dieser Rasen-, Sand- oder Kiesfläche sind ornamentale und arabeske Beete verteilt. Niedrige Buchshecken sorgen für optischen Halt, indem sie den Beeten eine Kontur geben. Es folgt das Boskett, das mit Hecken, Sträuchern, Bäumen und geradlinigen Wegen versehen ist. In diesem Bereich befinden sich oft Pavillons, Irrgärten oder sogar kleine Amphitheater. Der Wald schließlich diente als Jagdgebiet für die Hofgesellschaft.

Neue Gestaltungselemente wurden hinzugefügt. Die Wasserflächen nahmen mehr Raum ein und täuschten optisch durch Spiegelung und einem schmalen, aber langen Verlauf größere Dimensionen vor. Da immer mehr exotische Pflanzen zum Bestand eines Barockgartens gehörten, musste man sich etwas für die kalten Wintermonate einfallen lassen. So entstand in Versailles die Idee zum Bau einer sogenannten Orangerie, da dort ursprünglich 200 Orangenbäume untergebracht wurden.

Obwohl das Schloss Vaux-le-Vicomte das erste dieser Art war, gilt aber Schloss Versailles mit seiner ausgedehnten Gartenanlage als unerreichter Höhepunkt der barocken Bauweise. Quer durch Europa finden sich Zeugnisse der Nachahmung, darunter Schloss Schönbrunn in Wien.

Eine spezielle Ausprägung des Stils entwickelte man in den Niederlanden. Die traditionellen Wassergräben gaben die geometrischen Formen des Gartens vor. Im Parterre wurden die Beete mit einem Meer von bunten, blühenden Blumen be-

pflanzt. Berühmtestes Beispiel sind die Gärten von Het Loo bei Apeldoorn.

Auch in Deutschland war ein besonderer Verlauf der Gartenkunstentwicklung zu beobachten. Anders als Frankreich hatte Deutschland unter den Folgen des Dreißigjährigen Krieges schwer zu leiden. Erst im späten 17. und vor allem im 18. Jahrhundert war eine breitere Bereitschaft zu erkennen, den Wohlstand durch repräsentative Gärten auszudrücken. Es entstanden prunkvolle Gärten zum Beispiel am Schloss Charlottenburg und Schloss Augustusburg in Brühl.

Im Allgemeinen zeichnete sich zu dieser Zeit jedoch ein Wandel ab. Die barocke, geometrische Konzeption blieb zwar erhalten, aber die Dimensionen schrumpften gewissermaßen. Die dominie-

Die prachtvollen Barockgärten von Versailles

rende zentrale Sichtachse und die großen Freiflächen fielen zumeist weg. Außerdem war nicht mehr der überwältigende Gesamteindruck der Gartenanlage gewünscht. Einzelne Bereiche des Gartens sollten nunmehr intimere Räume bieten, in denen sich Dekorationen im Stile des verspielten Rokokos wiederfinden sollten. Beispiele sind in Potsdam mit Schloss Sanssouci und in Würzburg mit Schloss Veitshöchheim anzutreffen.

In der barocken Gartenbau-Ära wurde die Natur vom Menschen noch in ein Korsett nach strengen Regeln geschnürt. Während in Südeuropa im angehenden 18. Jahrhundert die Entwürfe des französischen Gartens noch prunkvoll umgesetzt wurden wie in Segovia mit Schloss La Granja, dessen Barockgarten nach dem Versailler Vorbild gestaltet wurde, tendierten insbesondere die englischen Gartenarchitekten in eine ganz andere Richtung. Inspiriert durch Literaten wie Alexander Pope oder Maler wie Claude Lorrain, stellte man die vorhandene Landschaft in den Mittelpunkt des Gartenentwurfs. Die Konturen des Geländes gaben die Wegeverläufe vor, Wassergräben waren nicht mehr als gerade Kanäle angelegt, sondern schlängelten sich als Bäche oder Flüsse durch den Garten, rechteckige Bassins wandelten sich zu Teichen und Seen, Hügel wurden nicht mehr abgegraben, sondern als gestalterisches Element eingebunden und auch die verwendeten Pflanzen passten sich der natürlichen Umgebung ästhetisch an. So wurde beispielsweise auf künstliche Blumenbeete verzichtet; allerdings wich man später davon wieder ab und schuf abgesonderte Blumen- und Gemüsegärten.

Herausragende Beispiele für den sogenannten Landschaftsgarten sind Stowe Landscape Gardens oder die Anlage von Rousham House, beide nahe Oxford.

Durch die Expansion des britischen Weltreichs hatte man Zugriff auf immer mehr exotische Pflanzenarten, die sich dann auch in den heimischen Gärten wiederfanden. Die späteren Landschaftsgärten beherbergten als Folge davon zum Beispiel Treibhäuser oder thematische Außenbeete. Zeitweise machten sich Einflüsse aus Fernost bemerkbar.

Auch in Deutschland erlag man dem Charme des englischen Stils. Der Wörlitzer Park gilt als ein hervorragendes Beispiel eines Landschaftsparkes außerhalb Englands.

Das ausklingende 19. und besonders das 20. Jahrhundert waren vom Wachstum der Städte geprägt. Grünflächen fanden da kaum Platz. Mit der Schaffung sogenannter Volks- und Stadtparks wurde dem entgegengewirkt. Sie dienten als Ort der Erholung und Entspannung für den Stadtmenschen. Anregungen kamen vor allem aus Amerika, wo die Urbanisierung schneller voranschritt als in den meisten europäischen Metropolen.

Bis tief ins 20. Jahrhundert wurden auch in Deutschland verschiedene solcher Parks entworfen. Inzwischen hatte die Planung und Gestaltung von Grünanlagen im Stadtbereich einen sozialen und politischen Aspekt erhalten. Naherholungsgebiete wie der Hamburger Volkspark oder die Berliner Jungfernheide entstanden.

In der heutigen Zeit sind große Projekte im Bereich des Gartenbaus bzw. der Landschaftsarchitektur zum Beispiel im Rahmen von Bundes- oder Landesgartenschauen anzutreffen.

Großer Brunnen in den Herrenhäuser Gärten, Hannover

Die Entwicklung der Gartenkunst im Mittelalter

Als Mittelalter wird die europäische Epoche zwischen der Antike und der Neuzeit bezeichnet, eine grobe zeitliche Einordnung kann mit dem Zeitraum zwischen 500 und 1500 n. Chr. vorgenommen werden. Es gibt keine scharfe Abgrenzung dieses vom Feudalismus geprägten Zeitalters, da sowohl dessen Beginn als auch Ende je nach Definition durch verschiedene Ereignisse festgelegt werden. Für gewöhnlich wird die Völkerwanderung (ca. 375–568 n. Chr.) und der Zusammenbruch des Weströmischen Reiches 476 n. Chr. als Beginn des Mittelalters angesehen. Als Ende wird der Zeitabschnitt um den Wechsel vom 15. zum 16. Jahrhundert angesetzt, in dem es verschiedene bedeutende historische Ereignisse gab. Darunter die Erfindung des Buchdrucks (ca. 1450), die Eroberung Konstantinopels durch die Osmanen (1453), die Entdeckung Amerikas (1492) und der Beginn der Reformation (1517). Die Anfangszeit des Frühmittelalters war geprägt von den Auswirkungen der Völkerwanderung und dem Wegfall der römischen Herrschaft. Das ehemalige Gebiet des Weströmischen Reiches zergliederte sich in viele Königreiche und der Handel brach zusammen. Der Großteil der Bevölkerung lebte auf dem Land. Das hatte zur Folge, dass sich die Menschen von dem ernähren mussten, was der eigene Boden hergab. Da die römischen Verwaltungsstrukturen nicht mehr vorhanden waren, entstanden instabile Machtverhältnisse, die zu einem unübersehbaren Sicherheitsdenken führten – Burgen, Klöster und Städte waren umgeben von massiven Festungsmauern.
Die kulturellen und geistigen Erkenntnisse der Antike gingen fast vollständig verloren und damit auch die umfangreichen Kenntnisse, was die Gartenkunst betraf. Einzig die Klöster bewahrten das Erbe Griechenlands und Roms. Sie wurden der kulturelle Mittelpunkt, waren Bildungsstätten und widmeten sich darüber hinaus den Gärten, Pflanzen und Kräutern. Es entstanden die

sogenannten Klostergärten. Die Mönche nutzten sie nicht nur als Versorgungsquelle, sondern beschäftigten sich auch mit Heilpflanzen. Die Heilkräuterkunde war zu dieser Zeit der Kern der medizinischen Versorgung in Mitteleuropa.

Von der Gartenkunst war man zu dieser Zeit weit weg, der fruchtbare Boden musste in erster Linie für volle Mägen sorgen. Ökonomische Interessen hatten Vorrang vor künstlerischer Entfaltung. Einen Hinweis dazu gibt die Landgüterverordnung Karls des Großen von 817, die umfassende Anweisungen gibt, wie die kaiserlichen Landgüter zu bewirtschaften seien. In den darin enthaltenen Pflanzenlisten sind Nutzpflanzen, Heilkräuter und Obstarten aufgeführt. Zierpflanzen und Blumen fehlen dagegen auf diesen Listen.

Ein Wandel von einem fast ausschließlich agrarisch geprägten Gartenanbau zur Gartenkunst vollzog sich vor allem während des Hochmittelalters. Die Bevölkerung wuchs, die Städte erstarkten, der Handel blühte auf und das Bildungsmonopol der Klöster weiche immer mehr auf. Wohlstand und Sicherheit für eine breitere Bevölkerungsschicht waren die Folge. An den fürstlichen Höfen und in den Städten wurden mehr und mehr Gärten angelegt, die einen repräsentativen Charakter aufwiesen. Um 1270 beschrieb der Bischof und Gelehrte Albertus Magnus schon recht ausführlich, wie der ideale Lustgarten angelegt werden soll. Inspiriert wurden die Gärten dieser Zeit auch durch islamische Einflüsse. Die Araber besetzten zu Beginn des 8. Jahrhundert fast die gesamte iberische Halbinsel. Sie schufen im Laufe der Jahre eine Vielzahl an Residenzen, die mit üppigen, prachtvollen Gärten bereichert wurden. Über diesen Weg und auch später durch die Kreuzzüge gelangten die kunstvollen Entwürfe der islamischen Gartenkunst in den europäischen Raum.

*Alhambra im spanischen Granada, eine der bedeutensten
Anlagen in Europa im maurischen Stil*

Maurische Gärten

Durch die lange und zeitweise friedliche Herrschaft der Araber auf der iberischen Halbinsel setzte sich dort das Konzept der prachtvollen Gärten der islamischen Welt durch. Vor allem im Zeitraum zwischen dem 8. bis zum 11. Jahrhundert konnte sich der Einfluss der Mauren – so die Bezeichnung der durch die Araber islamisierten Berbervölker Nordafrikas – weitgehend ungehindert festigen. In dieser Zeit erbauten die Mauren prunkvolle Paläste, die eine harmonische Einheit mit den kunstvoll eingerichteten Gärten bildeten. Die Pracht der Grünanlagen und Gebäude bestach vor allem in der Innenwirkung und, ein bezeichnendes Merkmal maurischer Gartenkunst, durch die fließenden Übergänge zwischen Innen- und Außenräumen. Die Architekten erreichten diesen Eindruck insbesondere durch die Anordnung der Säulen, die in die Innenhöfe hineinreichten und so überdachte, jedoch nach außen hin offene Flächen schafften.

Die Rückeroberung Spaniens durch die Christen, der sogenannten Reconquista, brachte neben den kriegerischen Auseinandersetzungen auch einen Austausch der Kulturen. Die christlichen Könige behielten nach der Machtübernahme durchaus viele maurische Elemente in der Architektur und Gartenkunst bei, die somit auch den Weg in die Gartenentwürfe der späteren Epochen fanden.

Eine ähnliche Bedeutung für die Gartenkunst hatte die Herrschaft der Araber in Sizilien. In dieser Zeit gelangten zum Beispiel Pflanzen wie Mandel- und Pfirsichbäume, Dattelpalmen oder Bananengewächse nach Europa.

Bereits ab dem 7. Jahrhundert war das Bestreben der Araber groß, die Glaubenslehre Mohammeds in die Welt zu tragen. Innerhalb weniger Dekaden verbreitete sich der arabische Machtbereich bis Indien und über Nordafrika bis nach Gibraltar, von wo aus Spanien fast vollständig besetzt wurde. Auf ihren Eroberungs-zügen kamen die Araber in Kontakt mit sehr unterschiedlichen und vielfältigen Kulturen, deren Eigenheiten und Errungenschaften in die eigenen Vorstellungen Eingang fanden. Für die Gartenkunst waren insbesondere die persischen und auch römischen Einflüsse von Bedeutung.

Die Idee der geometrischen Grundformen findet sich demnach auch in der arabischen bzw. maurischen Gartenarchitektur wieder. Das Basiselement der Entwürfe ist nicht selten ein rechteckiges Gelände, das von einem senkrechten und waagerechten Kanal oder Weg unterteilt wird. Reihen mit meist immergrünen Bäumen geben den Wegen eine Kontur. So entstehen vier rechteckige oder quadratische Flächen, die aufwendig und prachtvoll gestaltet wurden. Im Schnittpunkt der Wege ist zumeist ein architektonischer Blickfang eingefügt: ein Brunnen, Pavillon oder ähnliches. Diese Komposition eines Gartens hat vor allem persische Wurzeln. Sie ist zum Beispiel auf alten persischen Teppichen festgehalten, deren Aussehen auf Gemälden überliefert wurde. Auch sind Mosaike erhalten geblieben, die sich an den Mustern der Perserteppiche orientieren.

Ein weiteres wesentliches Kennzeichen arabischer Gartenkunst ist die kunstvolle Verwendung von Wasser in allen denkbaren Formen. Auch hier mischen sich Gestaltungselemente aus der arabischen mit der römischen Tradition.

Herausragende Vertreter maurischer Gärten sind noch heute – in leicht veränderter Form – in Granada bei der Stadtburg Alhambra und dem Palacio de Generalife zu bewundern. Beide liegen in unmittelbarer Nachbarschaft – gehören gewissermaßen zu einer komplexen Palast- und Befestigungsanlage – und zählen zu den großen Attraktionen in Andalusien. Sowohl Alhambra als auch Generalife wurden zu Zeiten der Reconquista errichtet, liegen aber in dem spanischen Teil, der am längsten unter arabischen Einfluss stand.

Die Basilika St. Marcellinus und Petrus in Seligenstadt. Das Kloster wurde von Einhard gegründet, dem Biographen Karls des Großen.

Karl der Große

Während die prachtvollen Entwürfe der Mauren kulturelle Glanzpunkte in der Gartenbaukunst darstellten, war man im christlichen Teil Europas weit davon entfernt, fruchtbaren Boden für die künstlerische und schöpferische Entfaltung zu verwenden. Vor allem in Mitteleuropa war die Urbarmachung von Ackerland mit harter, schweißtreibender Arbeit verbunden. Jeder Morgen Land musste dem Wald oder dem Sumpf mühsam abgewonnen werden. So verwundert es nicht, dass diese kostbaren Flächen in erster Linie als Versorgungsquelle für die Bevölkerung dienten. Außerdem lässt es sich nachvollziehen, dass die kultivierten Böden mit allen Mitteln gegen Verwilderung, Verwahrlosung oder Zerstörung geschützt werden sollten. In der „Lex Baiuvariorum" aus dem 8. Jahrhundert beispielsweise findet sich eine Textstelle, die auf eine Bestrafung hinweist, sollte jemand einen fremden Garten mutwillig zerstören.

Die wohl bekannteste Quelle, die uns Auskunft über den frühmittelalterlichen Gartenbau gibt, ist die Landgüterverordnung von Karl dem Großen, das „Capitulare de villis vel curtis imperii". Die vermutlich im Jahr 812 vom Benediktinermönch Abt Ansegis verfasste Verordnung beinhaltet umfassende Anweisungen, wie die kaiserlichen Landgüter zu bewirtschaften seien. Der Schwerpunkt in den Richtlinien wurde vor allem auf die Verwaltung gelegt. Auch für Karl den Großen galt, dass vorrangig eine reibungslose Versorgung gewährleistet sein musste. Er hatte keine ständige Residenz und reiste viel durch sein Einflussgebiet. Der Kaiser und sein Gefolge waren also darauf angewiesen, funktionierende Landgüter vorzufinden, wenn Hof gehalten wurde. Aber über die Verpflegung hinaus war in dieser agrarisch geprägten Epoche eine intakte Landwirtschaft die Grundlage für Wohlstand. Ausdrücklich ist aber auch eine „aus-

Albrecht Dürer, Karl der Große, Gemälde 1513

kömmliche Versorgung der Untertanen auf den Hofgütern" vorgesehen (Kapitel 2).

Die Regelungen in der Verordnung schrieben zum Beispiel vor, welches Geschirr und Bettzeug, aber auch welche Werkzeuge vorhanden sein mussten, um den Anforderungen der Hofhaltung gerecht zu werden (Kapitel 42 über das Inventar der Lagerräume). Richtlinien für die Pferdehaltung und Viehhaltung inklusive detaillierter Futtervorschriften wurden aufgestellt. Sogar Maßnahmen

Der Gärtner. Aus den Hausbüchern der Mendelschen Zwölfbuderstiftung in Nürnberg, Sammlungen ab 15. Jahrhundert

bezüglich der Hygiene wurden ergriffen. So sollte Wein nicht mit den Füßen gestampft werden. Außerdem wurde empfohlen, den Wein in Fässern und nicht in Weinschläuchen zu lagern. Geboten war „strengste Sauberkeit bei Zubereitungen von Hand" zum Beispiel für Speck, Rauchfleisch, Würste, frisches Salzfleisch, Essig, Branntwein, Senf, Käse, Butter oder Bier.

Aus Sicht des Gartenbaus ist insbesondere das 70. Kapitel der „Capitulare de villis" interessant. Hier sind 73 Nutzpflanzen, Gemüse und Kräuter sowie 16 Obstarten aufgelistet, die nach Willen des Kaisers auf all seinen Landgütern angebaut werden sollten. Neben in Mitteleuropa bekannten Pflanzen oder Obstbäumen wie Apfel, Birne und Kirsche sind auch Arten erwähnt, die in unseren Breiten damals nicht üblich waren wie Esskastanie oder Feige. In dem riesigen Reich Karls des Großen, das sich vom Mittelmeer bis an die Nordsee zog, konnten nicht alle Pflanzen dieser Liste überall gedeihen. Das legt den Schluss nahe, dass die Verordnung bezüglich der Pflanzen- und Obstauswahl nicht als verbindliche Vorschrift, sondern als Richtlinie zu verstehen war, um das Angebot auf den jeweiligen Gütern zu vergrößern.

Weiterhin wird vermutet, dass die Pflanzenlisten auf der Grundlage antiker Quellen erstellt wurden, ohne dabei zu berücksichtigen, ob ein Anbau in den betreffenden Gebieten überhaupt möglich ist.

Die Liste enthielt Gemüse wie Bohnen, Erbsen, Flaschenkürbis, Gurke, Kohl oder Möhre, Kräuter wie Dill, Petersilie, Fenchel, Schnittlauch oder Liebstöckel, aber auch Heilpflanzen, die in der heutigen Zeit eher zur Zierde im Garten verwendet werden, wie Schwertlilie, Rose oder Ringelblume.

Auch in anderen Kapiteln der „Capitulare de villis" werden Pflanzen erwähnt, zum Beispiel Wein im Abschnitt über die Rebkultur oder Flachs im Kapitel über die Tuchmacherei.

Gartenpflege. Holzschnitt aus der von Vadian herausgegebenen Ausgabe von Walahfrid Strabos „Hortulus"

Blick auf den Klostergarten, rechter Hand Gräber, linker Hand Ziergarten

Die Klostergärten

„Monasterium autem, si possit fieri, ita debet constitui ut omnia necessaria, id est aqua, molendinum, hortum, vel artes diversas intra monasterium exerceantur." („Das Kloster soll, wenn möglich, so angelegt werden, dass sich alles Notwendige, nämlich Wasser, Mühle und Garten, innerhalb des Klosters befindet und die verschiedenen Arten des Handwerks dort ausgeübt werden können.")

Aus der Regula Benedicti, Kapitel 66

Über Jahrhunderte bewahrten die Mönche in den Klöstern das antike Wissen um Wissenschaft, Kunst und Kultur. Die Klöster waren nicht nur Orte religiöser Lebensführung, sondern auch das Herz der mittelalterlichen Bildung und Forschung. In ihren Klosterbibliotheken hüteten sie sorgsam die wenigen kostbaren Schätze der antiken Literatur und somit auch die Kenntnisse über die Gartenbaukunst. Ein Wissensaustausch mit der übrigen Welt war nicht unbedingt erwünscht. Wie aus dem oben angeführten Kapitel 66 der Benediktsregel hervorgeht, sollten die Klöster möglichst autark sein. Die Mönche hatten sich nicht unnötig außerhalb der Klostermauern aufzuhalten, „denn das ist für sie überhaupt nicht gut", wie eben jene Regel darüber hinaus erwähnt.

Die ersten Klöster entstanden bereits vor Beginn des frühen Mittelalters. Das vom heiligen Martin in 4. Jahrhundert n. Chr. gegründete Kloster Marmoutier bei Tours gilt als eines der ersten. Der wohl größte Einfluss auf das klösterliche Leben der Mönche ging aber von Benedikt von Nursia aus, der im Jahr 529 den Benediktinerorden ins Leben rief. Benedikt wird gewissermaßen als "Vater des abendländischen Mönchtums" betrachtet.

So verwundert es nicht, dass eines der wenigen Zeugnisse über die Gartenbaukunst des frühen Mittelalters aus den Archiven eines Benediktinerklosters stammt. Der berühmte St. Galler Klosterplan, der zu Beginn des 9. Jahrhunderts entstanden sein soll, zeigt neben der Darstellung von zahlreichen Gebäudegrundrissen mit Namen und Funktionen zudem die vier gebräuchlichen Gartentypen damaliger Klosteranlagen.

Als erstes befindet sich südlich der großen zweitürmigen Klosterkirche ein quadratischer Kreuzgang. Er ist umsäumt von einem Arkadengang mit zierlichen Bögen. Die Seiten werden jeweils von Türöffnungen unterteilt, von denen ein Wegekreuz ausgeht, das den Innenhof segmentiert. Die Wege kreuzen sich allerdings nicht, sondern stoßen auf ein kleines Quadrat von Wegen im Zentrum des Kreuzgangs. Für die Bepflanzung der so entstandenen Flächen war vermutlich Gras oder Efeu vorgesehen.

In der im Zentrum liegenden Fläche ist ein Symbol mit dem Schriftzug "savina" zu erkennen, ein Hinweis auf „Juniperus sabina", also dem Sadebaum, auch Gift-Wacholder genannt. Diese Pflanze spielte früher im Bereich der Volksmedizin eine wichtige Rolle. Allerdings war Wacholder auch als Zierpflanze sehr beliebt und kann durchaus in dieser Eigenschaft im St. Galler Klosterplan vorgesehen gewesen sein.

In der nordöstlichen Ecke, praktischerweise direkt neben dem Ärztehaus platziert, befindet sich zweitens der Herbularius, also der Heilkräutergarten. In regelmäßig angeordneten, schmalen Beeten sollten hier verschiedene Heilkräuter und Blumen angepflanzt werden. In der Zeit des frühen Mittelalters hatten Blumen insbesondere im deutschen Raum keine dekorative Funktion, sondern

Die Klostergärten

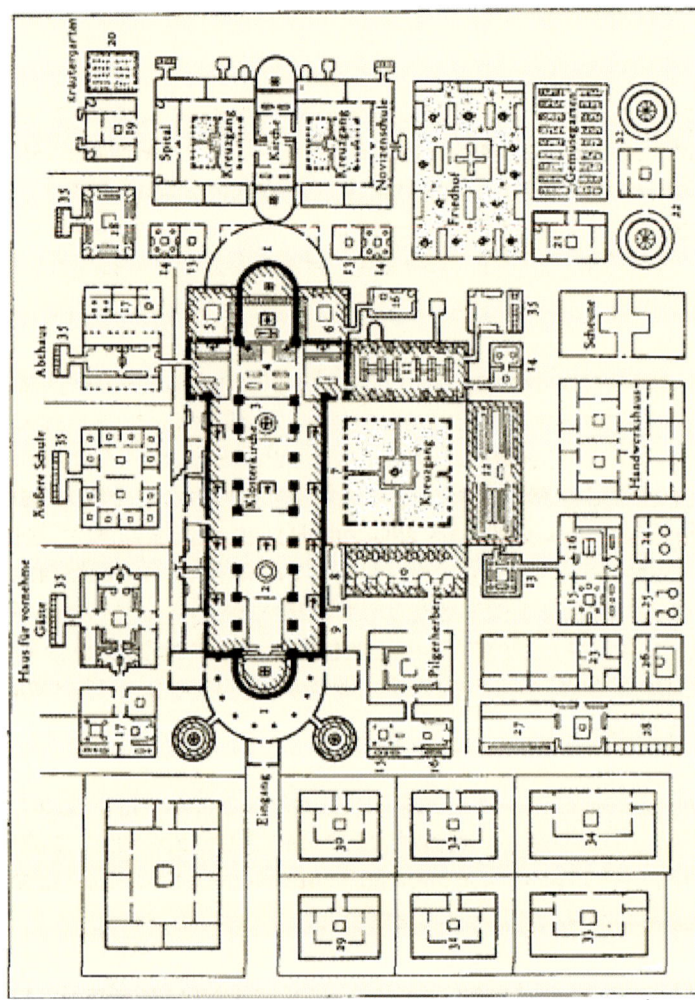

St. Galler Klosterplan

„Der deutsche Mensch bewertet Blumen eher mit der Nase als mit dem Auge. Der starke Geruch, dem man eine belebende, eine stärkende, ja heilende Wirkung zuschreibt, wird zuerst an der Rose und Lilie mit Entzücken hervorgehoben, während die geruchlosen Blumen verachtet werden".

Das Zitat legt den Schluss nahe, dass in den südlichen europäischen Gefilden bereits eine Kultur der Zierpflanzen existiert hat. Durch den Einfluss der Klostergärten im Mittelmeergebiet kamen in den späteren Jahren auch in unseren Breiten mehr und mehr Blumen zum Einsatz. Es gab dann zudem eine Unterteilung in den praktischen Wurzgarten und den dekorativen Blumengarten. Blumen gewannen bei religiösen Festen und Riten immer mehr an Bedeutung und wurden zunehmend ein schmückendes Element in der christlichen Liturgie.

Drittens ist auf dem Klosterplan ein Gemüsegarten in der südöstlichen Ecke verzeichnet. Die rechteckige Fläche beherbergt insgesamt 18 Beete, die in zwei Reihen gegliedert sind. Die Gemüse- und Gewürzpflanzen, die hier Erwähnung finden, sind auch in der „Capitulare de villis" anzutreffen.

Es ist bekannt, dass verschiedene Klöster über die Gartenflächen innerhalb der Abteimauern hinaus auch den Boden des Umlandes beackerten. Insbesondere der Zisterzienserorden gelangte zu Wohlstand, indem die umliegenden Ländereien des Stiftes durch harte Arbeit urbar gemacht und bebaut wurden.

Schließlich ist neben dem Gemüsegarten noch ein Baumgarten abgebildet. Er dient den Mönchen einerseits als Obstgarten, aber andererseits auch als Friedhof. Das Einhergehen von Bäumen und

wurden nach ihrem Heilnutzen eingesetzt. Sicherlich auch eine Folge der Landgüterverordnung Karls des Großen, die ihren Schwerpunkt, wie weiter oben beschrieben, auf Nutzpflanzen legte. Ein italienischer Mönch wird beispielsweise mit folgenden Worten zitiert:

Die Klostergärten

Friedhof ist sicherlich kein Zufall. Vor allem Obstbäume stehen gleichnishaft für die Auferstehung. Bäume haben seit Jahrhunderten einen hohen symbolhaften Charakter. So steht beispielsweise die Eiche für Glaubensstärke und Standhaftigkeit, die Linde für Frieden und Güte und die Trauerweide ist ein Zeichen der Trauer und der Klage. Auffällig ist auch hier, dass die im Klosterplan aufgelisteten Obstsorten überwiegend identisch sind mit denen der „Capitulare de villis". Man kann wohl davon ausgehen, dass zur Planung des Klosters einfach von der Landgüterverordnung abgeschrieben wurde. Zudem diente der Baumgarten für die Mönche als eine Art Aufenthaltsraum im Freien, da er mehr Platz bot als etwa der Kreuzgang.

Der vermutlich im Kloster Reichenau angefertigte Klosterplan ist allerdings nie zur Ausführung gekommen.

Neben solchen, eher der Planung dienenden Dokumenten, sind darüber hinaus noch weitere Quellen bekannt, die uns Aufschluss über die mittelalterlichen Gepflogenheiten in der Gartenbaukunst geben können. Sie sind fast ausschließlich klerikalen Ursprungs und von sehr unterschiedlichem Charakter. Diese Schriften beschreiben insbesondere die damals bekannten Pflanzen, durchaus auch mit ihrer Wirkung und Symbolik. Aber einige benennen zudem Methoden der Bodenbearbeitung und der Schädlingsbekämpfung (beispielsweise das Zerstören von Maulwurfshügeln), schildern den Aufbau von Gärten mit Beeten oder geben gewissermaßen Praxistipps zur Hege und Pflege der Pflanzen. Es ist umstritten, wie aussagekräftig diese Schriften bezüglich der tatsächlichen Nutzung verschiedener Gewächse sind, denn in einigen wurden nachweislich ganze Textpassagen aus antiken, vornehmlich römischen Quellen übernommen. Insofern waren manche aufgeführten Pflanzen nicht unbedingt in den Gärten der mitteleuropäischen Klöster zu finden. Aber da bildhafte Darstellungen mittelalterlicher Klostergärten nicht vorhanden sind, gelten die mönchischen Werke neben der „Capitulare de villis" als zuverlässigste Quelle über die Verwendung verschiedener Gewächse.

Das erste nennenswerte Werk, das „De natura rerum", stammt von Isidor von Sevilla und wurde um 600 n. Chr. verfasst. Der Bischof von Sevilla schuf vor allem die als Standard-Nachschlagewerk des Mittelalters geltende Enzyklopädie „Etymologiae", in der er versuchte, das gesamte Wissen der damaligen Zeit zusammenzutragen. In der Schrift „De natura rerum" behandelt er neben Themen wie das Himmelsgewölbe mit Sonne, Mond und Sterne oder Witterungserscheinungen zudem eine kleine Garten- und Pflanzenkunde, die auf dem Wissen antiker Vorläufer fußte.

Im 9. Jahrhundert verfasste der spätere Mainzer Erzbischof Hrabanus Maurus sein enzyklopädisches Werk „De rerum naturis". In verschiedenen Kapiteln sind eine Vielzahl von Informationen über Kräuter und Bäume enthalten.

Als Gedicht verfasste ebenfalls im 9. Jahrhundert der Botaniker und Benediktinermönch Walahfrid Strabo sein Werk „Liber de cultura hortorum" („Das Buch über die Gartenpflege"), auch kurz als Hortulus bezeichnet. In 444 Versen werden darin 24 Pflanzen – insbesondere Heilpflanzen – vorgestellt, versehen mit ihren Anwendungsmöglichkeiten. So soll beispielsweise die Lilie dazu geeignet sein, Schlangenbisse zu heilen – wie folgender Auszug aus dem Gedicht zeigt:

Kloster Blaubeuren, Kräutergarten

Die Klostergärten

Lilium
Leuchtende Lilien, wie soll im Vers und wie soll im Liede
Würdig euch preisen die dürftige Kunst meiner nüchternen Muse?
Euer schimmerndes Weiß ist Widerschein schneeigen Glanzes,
Holder Geruch der Blüte gemahnt an die Wälder von Saba.
Nicht übertrifft an Weiße der parische Marmor die Lilien,
Nicht an Düften die Narde. Und wenn die tückische Schlange
Listiger Art gesammeltes Gift aus verderblichem Munde
Spritzt und grausamen Tod durch kaum erkennbare Wunde
Sendet ins innerste Herz, dann zerreibe Lilien im Mörser,
Trinke den Saft, dies erweist sich als nützlich, mit schwerem Falerner.
Oder bei Quetschungen lege man sie auf die bläuliche Stelle,
Alsbald wird man auch hier zu erkennen vermögen die Kräfte,
die diesem heilenden Stoffe gegeben sind, Wunder bewirkend.
Schließlich ist Liliensaft auch gut bei Verrenkung der Glieder.

Der Fenchel dagegen hilft laut Strabo bei Augenleiden oder Magenbeschwerden:

Feniculum
Auch die Ehre des Fenchels sei hier nicht verschwiegen; er hebt sich
Kräftig im Sproß, und er streckt zur Seite die Arme der Zweige,
Ziemlich süß von Geschmack und süßen Geruches desgleichen.
Nützen soll er den Augen, wenn Schatten sie trügend befallen,
Und sein Same mit Milch einer Mutterziege getrunken,
Lockre, so sagt man, die Blähung des Magens und fördere lösend
Alsbald den zaudernden Gang der lange verstopften Verdauung.
Ferner vertreibt die Wurzel des Fenchels, vermischt mit dem Weine,
Trank des Lenæus, und so genossen, den keuchenden Husten.

(Übersetzung: W. Näf und M. Gabathuler, aus: Hans-Dieter Stoffler, Der Hortulus des Walahfrid Strabo)

Zwischen 1151 und 1158 schrieb Hildegard von Bingen ihre berühmten natur- und heilkundlichen Werke nieder, die „Physica" (auch „Liber simplicis medicinae") und „Causae et Curae" (auch „Liber compositae medicinae"). Die Äbtissin vom Rhein fasste darin ihr umfangreiches Natur- und Heilwissen zusammen. Insbesondere die neun Bände der „Physica" sind aus der Sicht des Gärtners interessant, sind doch hier über 200 Pflanzen und Bäume beschrieben, häufig nunmehr auch mit ihren deutschen Bezeichnungen. Im Gegensatz zu manch älteren Quellen ist bei Hildegards Schriften davon auszugehen, dass die Kenntnisse über einen großen Teil der aufgelisteten Pflanzen und ihren beschriebenen Wirkungen auf eigene Naturbeobachtungen und Erfahrungen basieren. Sicherlich gepaart mit dem überlieferten Wissen aus der Bibliothek ihres Klosters. Erwähnenswert ist, dass Hildegard auch Kräuter und Heilpflanzen beschreibt, die inzwischen sehr selten (wie Safran) oder gar ausgestorben sind. Sie legt, ähnlich wie Walahfrid Strabo, vor allem Wert auf die Heilmöglichkeiten der Gewächse. Ihr Maß für die Nützlichkeit von Pflanzen und Kräutern sind deren Heilkraft.

Als erste Naturgeschichte in deutscher Sprache gilt die im 14. Jahrhundert erschienene Enzyklopädie „Buch der Natur" von Konrad von Megenberg. Hier sind auch einige Pflanzenarten verzeichnet, die in den älteren Quellen noch nicht vorkamen.

Schloss Bürresheim, Sankt Johann (Eifel)

Die Gärten an den Adelshöfen

Während des Hochmittelalters ließ sich eine Trendwende in der Gartenkunst erkennen. Es zeichnete sich ein Wandel in der feudalistischen Gesellschaft ab, denn das Lehenswesen veränderte sich. Die Lehen wurden nach und nach vererbbar und spätestens mit der Constitutio de feudis von 1037, nach der Kaiser Konrad II. die Erblichkeit der niederen Lehen bestätigte, war eine langfristige Rechtssicherheit geschaffen. Es bildete sich mit dem niederen Adel und dem Ritterstand eine aristokratische Schicht, die geprägt war vom höfischen Leben.

In diesem Umfeld entwickelte sich die Höfische Dichtung, insbesondere der Minnesang. Im Mittelpunkt solcher Dichtungen standen der Ritter und seine Angebetete. Und ein reizvoller Garten konnte dem Minnegesang ein angemessenes Umfeld geben. Glaubt man alten Gemälden und Miniaturen, dann spielte sich das gesellschaftliche Leben am Hof vor allem in der warmen Jahreszeit häufig im Freien und im Garten ab. Im Zuge der Rückeroberung der iberischen Halbinsel und der verschiedenen Kreuzzüge brachten die Ritter wohl vielfältige Anregungen für das höfische Leben in Mitteleuropa mit. Es wurden ihnen gewissermaßen die Augen geöffnet, dass ein Garten mehr sein kann als lediglich eine Versorgungsquelle. Er sollte ein Ort werden, an dem man sich mit den schönen und angenehmen Dingen des Lebens beschäftigen wollte.

In der Literatur und Malerei finden sich daher auch zahlreiche Beispiele, in denen das gesellige Leben in den Gärten der Burgen dargestellt wird. In vielen Dichtungen findet der Baumgarten eine Erwähnung, ein umsäumte Wiese, auf der einige Bäume verteilt sind. Er diente als Ort für verschiedene Veranstaltungen wie Ritterturniere.

Paradiesgärtlein, Ausschnitt. Oberrheinischer Meister, Anfang 15. Jh.

Die Gärten an den Adelshöfen

Ein bekanntes Gemälde ist das „Paradiesgärtlein", das zu Beginn des 15. Jahrhunderts entstanden ist. Es ist ein Beispiel für den sogenannten „hortus conclusus", die Darstellung eines von der von der Welt abgeschlossenen, umfriedeten Gartens, der ein Symbol für die Jungfräulichkeit Marias ist. Im Gegensatz dazu gibt es auch viele Motive, die einen Liebes- oder Lustgarten abbilden. Einige zeigen größere Gesellschaften bei Spielen oder Festen mit Musik, andere Bilder beschränken sich auf die Darstellung von Liebespaaren in einem Garten.

Allerdings lassen der Symbolcharakter der Mariendarstellungen als auch die idealisiert wirkenden Darstellungen der Lustgärten daran zweifeln, dass die gezeigten Gärten tatsächlich der Wirklichkeit entsprechen. Aber die Vielzahl der Werke und auch die dekorative Wirkung der dargestellten Gärten zeigen, dass sich die Menschen inzwischen auch mit Gartenkunst beschäftigten und nicht nur Felder bestellten, um satt zu werden.

Aussagekräftiger ist sicherlich ein Werk des Bischofs und Gelehrten Albertus Magnus, das die Reihe mit den Klerikerschriften des vorherigen Kapitels sozusagen vollendet. Albertus verfasste um 1270 in seiner „ De vegetabilibus" eine detaillierte Beschreibung des idealen Lustgartens. Es lassen sich dabei in seinem Konzept durchaus antike, aber auch arabische Einflüsse vermuten.

Charakteristisch für dieses Konzept ist die Teilung in Nutz- und Baumgarten. Vor allem Albertus' Vorstellung eines Baumgartens stellte für den mittelalterlichen Garten ein Novum dar, denn er sollte beispielsweise Wiesenflächen, Hochbeete mit Blumen, einen Wasserlauf und ein Wasserbecken als Blickfang im Zentrum des Gartens beherbergen. Der Garten sollte der Erholung dienen und die Sinne ansprechen, sowohl den Geruchssinn erfreuen als auch für das Auge reizvoll sein. Die Wiesenfläche sollte möglichst aus kurz geschnittenem Gras bestehen, weil dieses für das Auge angenehmer ist („Nichts erquicket das Auge so sehr wie feines, nicht zu hohes Gras.", Albertus Magnus). Zum Ausruhen wird eine Rasenbank aufgestellt, die an den Seiten mit Blumen dekoriert werden soll. Der Lustgarten wird außerdem im Süden und Westen durch Bäume begrenzt, die Schutz vor Sonne und Wind bieten.

Aber auch der Nutzgarten ist für Albertus Magnus nicht mehr nur für die heilenden Pflanzen da, sondern schließt auch Rabatte für Zierpflanzen mit ein. Ein Auswahlkriterium ist ein besonders aromatischer Duft zur Belebung der Sinne, aber auch eine Blütenvielfalt ist erwünscht.

Albertus gibt zudem recht detaillierte Anweisungen, wie die verschiedenen Voraussetzungen geschaffen werden können, um seine Vorstellung eines Lustgartens umzusetzen. Er erwähnt namentlich die Pflanzen, die für sein Konzept geeignet sind. Darunter finden sich aromatische Kräuter wie Salbei oder Basilikum, Gewürzpflanzen wie Safran oder Weinraute und Zierpflanzen wie Lilien, Akelei oder Rosen. Der Buchs wird darüber hinaus als Zierstrauch verwendet.

Dieser Entwurf des Universalgenies aus Lauingen an der Donau ist durchaus richtungsweisend gewesen für spätere Gartenkonzepte, enthält er doch bereits Elemente, die dort typische Merkmale wurden.

Die Gärten der Städte

Botanischer Garten in Padua

Ursprünglich dienten die Gärten in den Städten – wie auch auf dem Lande – vorrangig als Quelle für den Lebensunterhalt. Meistens befanden sie sich am Haus. Als der Platz in den Städten rar wurde, legte man die Grünanlagen und Gärten außerhalb der Stadt an. Durch die steigenden Bevölkerungszahlen in den Städten war man aber bald auf neue Quellen angewiesen. Es wurde zunehmend Handel mit der umliegenden Landbevölkerung getrieben, welche die Stadtbewohner mit Nahrungsmitteln versorgte. So wurden in den Städten landwirtschaftliche Flächen frei, die von wohlhabenden und der Gartenkunst zugeneigten Bürgern zur Gestaltung von repräsentativen Gärten genutzt wurden.

Nicht nur in wirtschaftlicher Hinsicht übernahmen die Städte eine führende Rolle. Es entfaltete sich zudem ein neues Bildungsklima. Neben den althergebrachten Kloster- und Domschulen wurden die ersten Universitäten gegründet. Bereits im 12. und 13. Jahrhundert entstand eine Vielzahl neuer Universitäten in den Städten Italiens, Frankreichs und Englands. Klangvolle Namen wie die Universitäten von Bologna, Paris, Oxford und Cambridge sind darunter anzutreffen. Nicht selten wurden diesen Hochschulen botanische Gärten angegliedert, die eine neue, von der Wissenschaft inspirierte Art der Gartenkunst darstellten. So ging man zum Beispiel dazu über, die Pflanzenarten nach ihrer Herkunft zu ordnen und auf verschiedene Beete oder Grünflächen anzupflanzen.

Im Spätmittelalter verblasste der Glanz der Ritter und des höfischen Lebens. Die Lehnsherren, Ritter und auch die Kirche büßten immer mehr an Einfluss ein. Verschiedene Faktoren hatten diese Entwicklung begünstigt. Eine tief greifende Veränderung der mittelalterlichen Gesellschaft folgte insbesondere aus der Verdrängung der Naturalwirtschaft durch die Geldwirtschaft. Unter anderem war das Rittertum nicht weiter der Grundpfeiler der königlichen Heere, sondern wurde durch Söldnerarmeen ersetzt, die mit Geld und nicht mit Lehen entlohnt wurden. Dies ging einher mit dem Erstarken des Bürgertums und der Städte. Handwerk und Handel blühten auf, was zu einem breiteren Wohlstand unter der bürgerlichen Bevölkerung führte.

Der älteste noch existierende Botanische Garten befindet sich im italienischen Padua und wurde bereits 1545 angelegt. Allerdings gab es wohl schon im 14. Jahrhundert medizinisch-botanische Gärten, wie etwa in Salerno und Venedig.

Mittelalterliche Gärten heute

Wie im Kapitel „Kurze Geschichte der Gartenkunst" bereits ausgeführt, führen die Zeugnisse zur Gartenkunst bis ins alte Ägypten zurück. Die Quellen, die uns heutzutage über historische Gartenanlagen informieren, sind vielfältig. Bilder, Miniaturen oder Kupferstiche, auch Gedichte, Reisebeschreibungen oder Dokumente zu Planungszwecken geben uns Auskunft über die Gärten der Vergangenheit. Aber insbesondere für die Epochen vor der Neuzeit, also einschließlich des Mittelalters, gilt bedauerlicherweise, dass es keine Gärten gibt, die im Originalzustand erhalten geblieben sind. Niemand kann mit Gewissheit sagen, wie ein Garten im 9. oder 12. Jahrhundert ausgesehen hat. Die für das Mittelalter relevanten Quellen sind durchaus informativ, wie zum Beispiel das „Capitulare de villis vel curtis imperii" Karls des Großen. Aber wie sicher können wir sein, dass diese Verordnung in der Praxis tatsächlich umgesetzt wurde? Zumal wir ja nunmehr wissen, dass nicht alle Pflanzen dieser Liste in Mitteleuropa verbreitet waren, dass diese Verordnung eher eine Richtlinie war. Oder der St. Galler Klosterplan, der dort nie umgesetzt wurde. War er nur eine Idealvorstellung? Ähnliches lässt sich ja auch über die stilisiert wirkenden Mariendarstellungen sagen, die keine gesicherten Rückschlüsse auf die damalige Wirklichkeit zulassen.

Aber das Mittelalter ist wieder modern. Trotz aller Zweifel über die Praxisnähe oder Glaubwürdigkeit mancher Quellen, gibt es in ihnen ausreichend Hinweise, mittelalterliche Gärten neu gestalten zu können. Insbesondere betrifft dies die Pflanzen und die Werkzeuge, die nachweislich im Mittelalter zur Verfügung standen.

Inzwischen gibt es unterschiedliche Bestrebungen, mittelalterliche Gärten nachzubilden. Manche folgen dabei streng den weitgehend gesicherten Informationen, um zu zeigen, was damals möglich war, andere versuchen aber mit einer gehörigen Portion Ungewissheit, den Charme und den Flair der alten Gärten aufleben zu lassen. Die Ersteren können Ihnen behilflich sein, sich Wissen anzueignen, die anderen dürfen gerne als Inspiration für die Gestaltung des eigenen Gartens dienen.

Hier sind einige Gärten zusammengestellt, die interessante Eindrücke der „Gaertnerey" im Mittelalter vermitteln.

Der malerische Garten von Ninfa südlich von Rom versprüht einen mittelalterlichen Charme.

Andechser Kräutergarten

Blick auf Kloster Andechs

Der Aufbau des Kräutergartens am Benediktinerkloster Andechs ist dem St. Galler Klosterplan nachempfunden. Die Pflanzenauswahl ist allerdings überwiegend auf Basis der sogenannten Andechser Apothekenliste aus dem Jahre 1392 erstellt worden. In diesem historischen Dokument wurden Krankheiten beschrieben und die medizinischen Anwendungsmöglichkeiten der unterschiedlichen Heilkräuter zusammengefasst.

Seit 2003 kann man im Zeitraum zwischen April und Oktober etwa 70 verschiedene Heil- und Gewürzpflanzen besichtigen, die auf rund 1400 Quadratmetern in 12 Beete verteilt sind. Hinweisschilder informieren den Besucher über die Pflanzen. Zudem gibt ein übersichtliches Farbleitsystem Auskunft darüber, für welche Teile des menschlichen Organismus die verschiedenen Kräuter wirksam und geeignet sind.

Der Garten wird von einem Fichtenholzzaun eingefriedet und ist von einer Wiese mit Obstbäumen umgeben. Bei der Pflege des Kräutergartens wird natürlich auf den Einsatz von Pflanzenschutzmitteln wie Pestizide, Herbizide und Fungizide verzichtet.

Führungen sind möglich.
Informationen unter:
www.andechs.de oder www.ammersee-region.de

Wissenswertes:

Das Kloster Andechs mit der Kloster- und Wallfahrtskirche gehört zu den beliebtesten touristischen Zielen in Bayern. Es liegt im gleichnamigen Ort Andechs in der Nähe des Ammersees und wurde vermutlich bereits Ende des 14. Jahrhunderts gegründet. Die förmliche Stiftung erfolgte 1455. Die Kirche entstand zwischen 1420 und 1430, musste allerdings im 17. Jahrhundert neu aufgebaut werden, da sie aufgrund eines Blitzeinschlags ausbrannte.

Durch seine Klosterbrauerei, in der das Andechser gebraut wird, gelangte das Kloster zu weltweiter Berühmtheit.

Burg Stargard – Wurz- und Krautgarten

Bereits der erste Eindruck des Wurz- und Krautgarten der Burg Stargard versetzt einen zurück ins Mittelalter. Allein die Burganlage vermittelt einen reizvollen altertümlichen Glanz. Seit dem Jahr 2000 werden hier die Gewächse im ehemaligen Bauhof gehegt und gepflegt. Die 16 Hochbeete des Gartens sind stilecht in Holz eingefasst und geben allerlei Heilpflanzen, Gewürzkräutern, aber auch Färberpflanzen, alten Gemüsesorten und Wildpflanzen ein Zuhause. Die Anordnung der Beete erinnert stark an den Gemüsegarten des St. Galler Klosterplans, sie sind in zwei Reihen zu je acht Beeten gegliedert.

Wer möchte, kann sich dort außerdem nützliche Tipps und Tricks beim Bauen einer Kräuterschnecke einholen. Sie gehört zwar streng genommen nicht in einen mittelalterlichen Garten, aber wer wenig Platz zur Verfügung hat, kann damit auf engsten Raum den unterschiedlichen Standortansprüchen der verschiedenen Pflanzen gerecht werden.

Führungen sind möglich.
Informationen unter: www.burg-stargard.de

Wurz- und Krautgarten der Burg Stargard

Wissenswertes:

Die Burg Stargard wurde im 13. Jahrhundert erbaut und ist somit das älteste weltliche Bauwerk in Mecklenburg-Vorpommern. Zudem ist sie die einzige erhaltene Höhenburg in Norddeutschland, die aus dem Mittelalter stammt. Während des Dreißigjährigen Krieges diente die Burg zeitweise als Hauptquartier für den legendären Feldherrn General Tilly. Der Burg ist außerdem ein Museum angeschlossen, das Einblicke gibt in die Geschichte der Burg und der Region. Alljährlich am zweiten Augustwochenende wird in der Anlage das traditionelle Stargarder Burgfest ausgerichtet, ein Mittelalterfest mit Kunsthandwerk, Gaukelei und Ritterturnier.

Insel Reichenau – Strabos Kräutergarten

Klosterkirche in Reichenau-Mittelzell

Das Kloster Reichenau verbinden Gartenfreunde natürlich eng mit dem Namen Walahfrid Strabo, der im 9. Jahrhundert als Abt des Klosters amtierte, bevor er 849 in der Loire ertrank. Im ehemaligen Klostergarten des Münsters St. Maria und Markus wurde 1991 ein Kräutergarten nach den 444 Versen seines botanischen Werkes „Liber de cultura hortorum" („Das Buch über die Gartenpflege") geschaffen.

Die 24 im Gedicht beschriebenen Pflanzen sind in 24 verschiedene, holzgefasste Beete angelegt. Allerdings wurde anstelle des Schlafmohns, dessen Anbau in Deutschland genehmigungs-

pflichtig ist, eine Ziermohnvariante angepflanzt. Zwei Reihen mit jeweils vier schmalen Beeten bilden ein gleichmäßiges Wegesystem mit einem Mittelgang. Um die inneren Beete herum wurden die restlichen 16 Beete in halber Größe als äußere Begrenzung platziert.

Informationen unter: www.reichenau.de

Wissenswertes:

Auf der größten Bodenseeinsel, auf Reichenau, befindet sich das gleichnamige Kloster, das seit dem Jahr 2000 Teil des UNESCO-Weltkulturerbes ist. Das Benediktinerkloster wurde 724 gegründet und entwickelte sich schnell zu einem der bedeutendsten geistigen Zentren der karolingischen Zeit. Unter anderem war es maßgeblich am kulturellen Aufschwung während der sogenannten Karolingischen Renaissance beteiligt. Im Jahr 1540 wurde die Klosterleitung an den Bischof von Konstanz abgetreten. 1803 wurde das Kloster aufgehoben. Seit 2001 widmen sich allerdings wieder Benediktinermönche der Pfarrseelsorge auf der Insel.

Sehenswert sind die drei Reichenauer Kirchen: Die ehemalige Klosterkirche Münster St. Maria und Markus aus dem 9. Jahrhundert in Mittelzell, St. Peter und Paul in Niederzell, die bereits im Jahr 799 geweiht wurde, sowie St. Georg in Oberzell aus dem 10. Jahrhundert.

Karlsgarten Aachen

Karlsgarten Melaten, Aachen

Hier findet man ein Paradebeispiel für Gärten, die Wissen vermitteln. Der Karlsgarten im Aachener Gut Melaten ist nach den Vorgaben der Landgüterverordnung Karls des Großen konzipiert worden. Wie bereits beschrieben, ist das „Capitulare de villis vel curtis imperii" zwar eher eine Sammlung von Verwaltungsvorschriften für die kaiserlichen Landgüter, aber der Karlsgarten greift die Auflistung der 73 Nutzpflanzen, Gemüse, Kräuter und 16 Obstarten auf und gibt ihnen in dem mit einer Buchenhecke umgrenz-

ten Areal eine Bühne. Eröffnet wurde der Garten auf Initiative des Freundeskreises Botanischer Garten Aachen e.V. im Internationalen Karlsjahr 2000.

Der Aufbau des Karlsgartens entspricht nicht den historischen Entwürfen, wie man sie beispielsweise dem St. Galler Klosterplan entnehmen kann. Die Pflanzen des „Capitulare de villis" werden hier in der Reihenfolge ausgestellt, wie sie dort aufgelistet sind. In zwei Meter breiten Beeten kann man sozusagen in Leserichtung der Liste von 1, der Deutschen Schwertlilie, bis 73, der Dach-Hauswurz, folgen. Die aufgeführten Bäume sind der Reihe nach am Rand des Geländes an der Buchenhecke gepflanzt worden. Für die Lernwilligen lohnt es sich, genauer hinzuschauen und Erkenntnisse über die artgerechte Bepflanzung beispielsweise bezüglich des Platzbedarfs mitzunehmen.

Eibenhecken grenzen die einzelnen Beete voneinander ab. Sie geben dem Garten eine Gliederung und vermitteln somit einen Hauch von einem mittelalterlichen Klostergarten. Im Zentrum des Gartens befindet sich ein durch Hecken eingefriedeter Platz mit einer Informationstafel und Sitzbänken. Der Zugang zum Karlsgarten ist frei. Führungen sind möglich.

Informationen unter: www.biozac.de

Wissenswertes:

Das Gut Melaten war im Mittelalter ein Seuchenhospital, in dem Leprakranke isoliert wurden, um eine Weiterverbreitung der Krankheit zu verhindern. Diesen Zweck erfüllte es vermutlich ab dem frühen 13. Jahrhundert bis etwa ins 16. Jahrhundert. Urkundlich wurde das Gut 1230 erstmals erwähnt. Es liegt in der Nähe des Universitätsklinikums Aachen.

Kloster Lorsch Kräutergarten

Kräutergarten Kloster Lorsch

Der Garten des berühmten südhessischen Klosters Lorsch besteht eigentlich aus zwei Gärten, die auf verschiedenen Quellen basieren. 1981 wurde damit begonnen, die Zeilen des Benediktinermönches Walahfrid Strabo in die Tat umzusetzen. Eine Handschrift seines Gedichts befand sich zeitweise im Besitz des Klosters. Der Aufbau des Gartens orientiert sich eng an den Ausführungen des St. Galler Klosterplans. Wir haben es in Lorsch also mit der konsequenten Umsetzung mittelalterlicher „Anweisungen" zu tun. So sind die 24 Pflanzen, die Strabo erwähnt, auf schmale, rechteckige Beete verteilt. Das Areal wird durch rechtwinklig verlaufende Pfade gegliedert.

Der größere Kräutergarten befindet sich auf dem Gelände des ehemaligen Klosterfriedhofs. Dieser Garten widmet sich dem Lorscher Arzneibuch, in dem neben Pflanzenlisten auch mehr als 500 Rezepte für Heilmittel enthalten sind. Bemerkenswert ist vor allem, dass die Handschrift etwa um 795 verfasst wurde und somit aus der Zeit Karls des Großen stammt. In Hochbeeten, deren Anordnung sich ebenfalls an den St. Galler Klosterplan anlehnt, kann man die verschiedenen Heilpflanzen erleben. Dabei wurde allerdings freier interpretiert als beim „Strabo-Garten". Insofern ist ein Besuch im Kloster Lorsch nicht nur informativ, sondern durchaus auch inspirativ.

Führungen sind möglich.
Informationen unter: www.kloster-lorsch.de

Wichtig:
Die Klosteranlage Lorsch wird im Laufe 2013 komplett neu gestaltet; in dieser Zeit ist eine Besichtigung nicht sinnvoll. Der interessierte Leser möge sich auf der Homepage des Klosters auf dem Laufenden halten.

Wissenswertes:
Das ehemalige Benediktinerkloster Lorsch wurde bereits im Jahr 764 gegründet. Das Kloster entwickelte sich – auch begünstigt durch seine frühe Stellung als Königskloster – zu einem Macht- und Kulturzentrum. Karl der Große zum Beispiel war im Jahre 774 bei der Weihe der Nazariusbasilika zugegen. Sichtbare Zeugnisse sind neben archäologischen Resten vor allem die sogenannte Königshalle, ein spätkarolingischer Bau aus dem 9. Jahrhundert. Die Klosteranlage ist seit 1991 Teil des UNESCO-Welterbes.

Marksburg – Botanischer Garten des Mittelalters

In diesem Garten ist das Mittelalter hautnah zu spüren. Das Ambiente der Marksburg lässt einen in die Vergangenheit tauchen. Bereits seit 1969 beherbergt die Marksburg am Mittelrhein einen mittelalterlichen Kräutergarten, der im inneren Burgzwinger angelegt wurde. Während der Vegetationszeit kann man hier eine Zusammenschau von rund 150 Heil- und Zierpflanzen bewundern, die im Mittelalter nachweislich verwendet wurden. Auf der Liste finden sich Pflanzen, die beispielsweise Hildegard von Bingen beschrieben hat, aber natürlich auch Vertreter des „Capitulare de villis", unter anderem Fenchel, Mispel, Salbei, Weinraute oder Wolfsmilch. Zur Information der Besucher sind alle Gewächse mit Schildern versehen, die Auskunft geben über die heute gebräuchlichen Namen, die botanischen Fachbegriffe, aber auch über die alten, im Mittelalter verwendeten Bezeichnungen. Durch die Lage der Burg auf einem rund 160 Meter hohen Hügel bietet sich vom Kräutergarten aus ein herrliches Panorama über das Rheintal.

Der „botanische Garten des Mittelalters" auf der Marksburg

Nach Vereinbarung werden neben den Burgführungen außerdem Spezialführungen mit dem Schwerpunkt „Kräutergarten" oder „Küche und Kräuter" angeboten.

Informationen unter: www.marksburg.de

Wissenswertes:

Oberhalb des am rechten Rheinufer liegenden Braubach thront die Marksburg, die einzige Höhenburg am Mittelrhein, die nie zerstört wurde. Sie gilt als Prototyp einer mittelalterlichen Burg und ist Teil des UNESCO-Welterbes Oberes Mittelrheintal. Die Burg stammt in weiten Teilen aus dem 13. bis 15. Jahrhundert. Der romanische Kern der Marksburg wurde bereits um 1239 errichtet.

Zugang in das Innere der Burg erhält man durch das Zugbrückentor. Innenräume wie die Burgküche, der Rittersaal, Rüstkammer, Weinkeller oder Kemenate vermitteln ein anschauliches Bild des mittelalterlichen Lebens und informieren den Besucher über allerlei Wissenswertes. Die Innenausstattung der Burg wurde allerdings erst nach 1900 zusammengetragen.

Die Gärten der Alhambra

Die Gärten der Alhambra – ein Glanzpunkt maurischer Gartenkunst

In der südspanischen Stadt Granada zu Füßen der Sierra Nevada findet man gleich zwei prachtvolle Vertreter maurischer Gartenkunst: Sowohl in den Nasridenpalästen als auch im benachbarten Palacio de Generalife befinden sich die sogenannten Gärten der Alhambra. Beide sind herausragende Beispiele für das maurische Konzept, eine Einheit zwischen der Architektur und der Gartenkomposition zu erlangen.

Die beeindruckende Wirkung des Zusammenspiels zwischen Innen- und Außenräumen lässt sich vor allem an zwei Beispielen festmachen. Erstens ist der Patio de los Arrayanes (Myrtenhof) zu nennen. Dessen Hoffläche wird beherrscht von einem länglichen Wasserbecken, das auf beiden Seiten von sattgrünen Myrtenhecken flankiert ist. Zu besonderer Berühmtheit gelangte zweitens der Patio de los Leones (Löwenhof), dessen Prunkstück der mit zwölf Löwen geschmückte Brunnen ist. Der Löwenbrunnen bildet den Mittelpunkt der Hoffläche, die durch Wege kreuzförmig gegliedert ist. Die so entstandenen Beete sind heutzutage allerdings nicht sonderlich üppig bepflanzt. Aber der ursprüngliche Aufbau der mittelalterlichen Gartenanlagen ist hier am ehesten zu erkennen. Für den botanischen Augenschmaus sorgen die parkähnlichen Anlagen der Alhambra mit den typischen Palmen, Pinien und Zypressen und die farbenfrohen Gärten im Generalife.

Informationen unter: www.turgranada.es

Wissenswertes:

Die imposante Schloss- und Befestigungsanlage Alhambra in Granada ist eine der beliebtesten Sehenswürdigkeiten in Spanien. Sie entstand im 13. und 14. Jahrhundert. Seit 1984 gehört der Palastkomplex zum UNESCO-Weltkulturerbe und umfasst im Wesentlichen die Paläste der Nasriden, die Medina, die Alcazaba sowie den Sommerpalast Generalife, der sich etwas außerhalb der Festungsmauern befindet. In der Medina residierte einst die adlige Schicht des Hofes. Die Alcazaba ist die wehrhafte Verteidigungsanlage des Komplexes und einer der ältesten Teile. Das Prunkstück sind sicherlich die Nasridenpaläste, die zugleich Regierungssitz und Privatgemächer der arabischen Herrscher waren. Teile der Paläste wurden im 15. Jahrhundert abgerissen, um einen Palast für Karl V. zu errichten, der allerdings nie vollendet wurde. Heute beherbergt das Gebäude Museen für spanisch-muslimische Kultur und für die Schönen Künste.

Kloster von Pedralbes

Der idyllische Innenhof des Klosters Pedralbes

Im Innenhof des prachtvollen Klosters von Pedralbes offenbart sich ein Hort der Ruhe, ein Kräutergarten, dessen mittelalterliches Flair über die Jahrhunderte erhalten geblieben ist. Der Grundriss des Gartens hat sich seit der Gründung des Klosters wohl nur im geringen Maße verändert, insofern zeigt sich zumindest im Aufbau ein sehr ursprünglicher Garten. Das rund 1600 Quadratmeter große Gelände wird durch einen zweistöckigen Kreuzgang umschlossen, von wo man Zugang in die grüne Oase erhält.

Ein Wegekreuz gliedert den Garten in vier Teile. Im Zentrum am Wegekreuz befindet sich ein Brunnen, der nicht nur dekorativ ist, sondern zudem für die Bewässerung sorgt. Neben Zypressen und Palmen, die erholsamen Schatten spenden, erfreuen Orangenbäume das Auge. Sie säumen den Rand der beiden Wege. Bei einem entspannten Spaziergang kann man neben den obligatorischen Heilkräutern auch viele Küchenkräuter besichtigen. Ein bisschen erinnert einen diese Mischung an den Lustgarten des Albertus Magnus.

Informationen unter:
www.barcelona.de

Wissenswertes:

Das Kloster von Pedralbes thront auf den Hügeln über Barcelona. Gegründet wurde es im Jahr 1326 von Königin Elisenda de Montcada, der vierten Gemahlin des aragonischen Königs Jakobs II. Bis heute wird die gut erhaltene Klosteranlage, die im Stil der katalanischen Gotik angelegt wurde, vom Orden der Klarissen bewirtschaftet. Der Name Pedralbes leitet sich vom lateinischen „Petras Albas" ab, also weiße Steine, da als Grundstein für die Kirche das für die Region typische weiße Gestein verwendet wurde.

Dem Kloster ist ein Museum angegliedert, in dem Exponate kirchlicher Kunst präsentiert werden. Zu sehen sind zum Beispiel Werke von Lucas Cranach oder Tizian. Außerdem kann man sich ein Bild vom Alltagsleben der Nonnen im Mittelalter machen.

Allerley Pflanzerey

Gärtnern wie auf Burgen und in Klöstern

Wie sahen Gärten im Mittelalter aus? Wie wir wissen, kann niemand verlässliche Aussagen darüber tätigen. Wonach also sollen wir uns richten, wenn es gilt, den eigenen Garten in eine mittelalterliche grüne Oase zu verwandeln?

Die sichersten Informationen geben uns die verschiedenen bekannten Pflanzenlisten, wie etwa Walahfrid Strabos Gedicht oder die Landgüterverordnung Karls des Großen. Ebenso kann man sich auf die umfangreichen Ausführungen der Hildegard von Bingen beziehen, die in ihrer zwischen 1151 und 1158 verfassten „Physica" zahlreiche Pflanzen und ihre Heilkräfte beschreibt. Darüber hinaus sind die Andechser Apothekenliste aus dem Jahre 1392 und das Lorscher Arzneibuch aus der karolingischen Zeit anerkannte Quellen.

Für die Zeit des ausklingenden Mittelalters sind zudem zwei Werke von Bedeutung. Der Arzt und Botaniker Hieronymus Bock (1498–1554) fasste in seinem Werk „New Kreuterbuch von Underscheidt, Würckung und Namen der Kreuter, so in teutschen Landen wachsen" von 1539 seine umfangreichen Erfahrungen mit Kräutern und Heilpflanzen zusammen. Insbesondere die Pflanzenbeschreibungen sind detailliert und genau.

Der Botaniker und Mediziner Jacob Theodor „Tabernaemontanus" (1522–1590) veröffentlichte 1588 das „Neuw Kreuterbuch", das als das ausführlichste Kräuterbuch seiner Zeit galt.

Die Voraussetzung für einen möglichst unverfälschten Mittelalter-Garten ist natürlich die entsprechende Wahl der Gewächse. Im ersten Teil des Ratgebers sind daher 41 Pflanzen näher beschrieben, die nachweislich im Mittelalter bekannt waren. Möchte man also eine Mahlzeit nur aus den Zutaten des eigenen Gartens zubereiten, würden beliebte zeitgenössische „Gartenbewohner" wie beispielsweise Kartoffeln, Tomaten oder Paprika auf dem Speiseplan fehlen. Für diejenigen, die sich mehr Auswahl wünschen, sind im Anschluss zum Ratgeber die Pflanzenlisten von Strabo und des „Capitulare de Villis" aufgeführt.

Die vorgestellten Pflanzen sind eher nach ihrer heutigen Beliebtheit bzw. deren Nutzungsmöglichkeiten ausgewählt worden. Der eine oder andere aufgeführte Exot wie Pastinak, Ysop oder Speierling kann aber gerne den mittelalterlichen Eindruck Ihres Gartens verstärken.

Unterschiedliche Quellen wie Ausgrabungsfunde geben zudem Aufschluss darüber, welche Werkzeuge Verwendung fanden. Auch in verschiedenen Beschreibungen und auf bildhaften Darstellungen sind Gerätschaften wie Hacken, Sensen, Sicheln, Spaten und Schaufeln zu finden. Ein Beispiel dafür sind die sogenannten Monatsbilder, auf denen die Monate eines Jahres nicht selten mit Motiven der Landwirtschaft präsentiert wurden. Zu nennen ist darüber hinaus das Werk „Ruralia Commoda" von Petrus de Crescentiis aus dem frühen 14. Jahrhundert, das sich neben der Pflanzenkunde auch mit der Landwirtschaft beschäftigt. Danach entstand im 15. Jahrhundert der Jahreszeitenkalender „Travaux des douze mois de l'année".

Abteikirche Bad Herrenalb

Gärtnern wie auf Burgen und in Klöstern

Gemüsegarten als Bestandteil des mittelalterlichen Gartens

Natürlich ist außerdem die Wahl der Materialien wichtig für eine möglichst authentische Wirkung des Gartens. Wege sollten nicht gerade mit Verbundsteinen ausgelegt werden. Zur Einfassung der Beete eignet sich natürlich Holz.

Im zweiten Teil des Ratgebers werden die verschiedenen Möglichkeiten kurz umrissen, nach welchen Gesichtspunkten man einen mittelalterlichen Garten gestalten kann. Anschließend wird ein Mustergarten zusammengestellt, der als Basis für die eigenen kreativen Gestaltungen dienen kann.

Und wie gesagt – offene Fragen gibt es genug, aber damit auch vielfältige Wege, sich den eigenen Lustgarten oder Klostergarten anzulegen.

Eine Anmerkung sei noch erlaubt. Der Ratgeber hat nicht den Anspruch, herkömmliche und umfangreichere Gartenratgeber zu ersetzen – schon aus Platzgründen gelänge dies nicht. Vielmehr möchte das Buch einen Weg aufzeigen, wie man sich im eigenen Garten eine kleine mittelalterliche grüne Welt erschaffen kann. Insofern beschränkt es sich auf die Tipps und Anweisungen, die aus meiner Sicht notwendig sind, um die Atmosphäre der Zeiten von Karl dem Großen, Walahfrid Strabo oder Hildegard von Bingen aufleben zu lassen.

Detailversessene können außerdem die „Hausbücher der Nürnberger Zwölfbrüderstiftungen" der Stadtbibliothek Nürnberg durchstöbern. Darin sind weit über 1000 Abbildungen enthalten, die das historische Handwerk zum Thema haben. Begonnen wurde mit den Chroniken im 15. Jahrhundert.

Pflanzen im Mittelalter

Heilpflanzen

Alant (Inula helenium)

auch bekannt als Altkraut, Brustalant, Darmkraut, Edelwurz, Helenenkraut, Glockenwurz, Schlangenkraut

Blütezeit
Juli bis August

Pflanzenbeschreibung

Zu Zeiten Karls des Großen und Walahfrid Strabos kannte man Alant wohl noch nicht in Deutschland. Hildegard von Bingen dagegen verwendete die Pflanze in Form von Wein gegen Lungenbeschwerden.

Alant aus der Familie der Korbblütler ist eine mehrjährige krautige Pflanze. Sie kann durchaus Wuchshöhen von 200 Zentimeter erreichen. Die länglichen, leicht gezahnten Blätter mit einer Länge bis zu 50 Zentimeter sind auf der Unterseite behaart. Die Blüten mit vielen kleinen Röhrenblüten strahlen in einem satten Gelb. Die aromatisch duftende Wurzel erntet man möglichst zwischen September und November. Der Alant fühlt sich an feuchten, aber sonnigen Standorten am wohlsten.

Andorn (Marrubium vulgare)

auch bekannt als Gewöhnlicher Andorn, Gemeiner Andorn, Helfkraut, Mariennessel, Weißer Andorn, Weißer Dorant

Blütezeit
Mai bis August

Pflanzenbeschreibung

Walahfrid Strabo rühmte in seinem Gedicht unter anderem die lindernde Wirkung des Andorns. Hildegard von Bingen empfahl ihn zum Beispiel bei „tauben Ohren".

Andorn aus der Familie der Lippenblütler ist eine mehrjährige krautige Pflanze. Sie kann bis zu 80 Zentimeter hoch wachsen, in der Regel liegt die Wuchshöhe aber zwischen 40 und 60 Zentimeter. Die aufrecht stehenden Stängel und auch die Laubblätter sind behaart. Die unregelmäßig gezähnten Blätter sind rundlich bis herzförmig. Die weißen Blüten gruppieren sich zu einem kugelförmigen Scheinquirl. Die Pflanze duftet sehr aromatisch. Sie bevorzugt einen sonnigen Standort mit sandigen, stickstofffreien Lehm- oder auch Tonboden.

Achtung: Der Andorn gilt als schwach giftig!

Frauenminze (Tanacetum balsamita)

auch bekannt als Balsamkraut, Marienblatt

Blütezeit
Juli bis September

Pflanzenbeschreibung
Frauenminze steht auf der Pflanzenliste des „Capitulare de Villis" und ist dort die Nummer 4b. Walahfrid Strabo führt sie unter der Bezeichnung „costus" auf. Laut Hildegard von Bingen ist sie ein geeignetes Mittel unter anderem bei Fieber, Ohnmacht oder Bewusstlosigkeit. Die Frauenminze aus der Familie der Korbblütler ist eine robuste mehrjährige, krautige Pflanze, deren kräftige Wurzeln Rhizome bilden.

Die winterharte Pflanze besitzt verzweigte und zart behaarte Stängel, die zwischen 80 und 150 Zentimeter hoch wachsen. Die lederartigen Laubblätter sind länglich bis eiförmig, werden bis etwa 20 cm Zentimeter lang und besitzen einen gesägten oder gekerbten Rand. Doldige Rispen tragen die gelblich grünen Blüten mit einem Durchmesser von vier bis acht Millimeter. Frauenminze duftet stark aromatisch, verträgt sowohl sonnige Standorte als auch Halbschatten und benötigt nährstoffreiche und durchlässige Böden.

Katzenminze (Nepeta cateria)

Blütezeit
Juli bis September

Pflanzenbeschreibung
Katzenminze steht auf der Pflanzenliste des „Capitulare de Villis" und ist dort die Nummer 45. Walahfrid Strabo nennt die „nepeta" gar ein „munteres Pflänzchen".

Die Katzenminze aus der Familie der Lippenblütler ist eine mehrjährige Pflanze und erreicht Wuchshöhen zwischen 60 und 100 Zentimeter. Sie entwickelt aufrechte, verzweigte Stängel, die hohl und vierkantig sind. An ihnen wachsen gegenständige Blätter mit einer filzigen Behaarung vor allem an der Unterseite und grob gezähnten Rändern. An ährenartigen Blütenständen entfalten sich weiße bis blassblaue Blüten in Scheinquirlen. Katzenminze gedeiht vor allem an sonnenreichen Plätzen und auf stickstoffreichen und lockeren Lehmböden.

Ringelblume (Calendula officinalis)

auch bekannt als Garten-Ringelblume, Dotterblume, Ringelrose

Blütezeit
Juni bis Oktober

Pflanzenbeschreibung
Die Ringelblume steht auf der Pflanzenliste des „Capitulare de Villis" und ist dort die Nummer 21b. Hildegard von Bingen empfahl sie gegen „Magenvergiftungen".

Die Ringelblume aus der Familie der Korbblütler ist eine einjährige krautige Pflanze, die Wuchshöhen bis 60 Zentimeter erreichen kann. In seltenen Fällen kann sie auch zweijährig sein. Der aufrecht wachsende Stängel ist etwas kantig und behaart. Er verzweigt sich wenig.

Die behaarten Blätter stehen wechselständig und sind länglich lanzettenförmig. Die dottergelben bis orangegelben Blütenköpfe sind schüsselförmig und sind etwa drei bis fünf Zentimeter breit im Durchmesser. Sie bestehen aus einer Vielzahl von Röhrenblüten im Zentrum und Zungenblüten im äußeren Bereich. Die Ringelblume bevorzugt sonnenreiche Plätze.

Schafgarbe (Achillea millefolium)

Unter anderem auch bekannt als Gemeine Schafgarbe, Garbenkraut, Schafrippe oder Schafzunge.

Blütezeit
Juni bis Oktober

Pflanzenbeschreibung
Bei Walahfrid Strabo ist etwas unklar, welche Pflanze er mit „ambrosia" meinte. Nach den gängigsten Interpretationen sind entweder der Rainfarn oder eben die Schafgarbe gemeint. Hildegard von Bingen setzte sie vor allem zur Wundheilung ein.

Die Schafgarbe aus der Familie der Korbblütler ist eine mehrjährige, krautige oder halbstrauchige Pflanze, die eine Wuchshöhe bis zu 100 Zentimetern erreichen kann. Die Wurzeln können ebenfalls bis zu 100 Zentimeter lang werden. Nachdem sich eine Blattrosette gebildet hat, entsteht anschließend der aufrechte, kantige Stängel, der federartige, längliche Blätter trägt. Erst im Bereich der Blütenstände verzweigt sich der Stängel. Dort entfalten sich die weißen oder rosafarbenen Blüten, die sich zu trugdoldenartigen Blütenständen gruppieren. Die inneren Röhrenblüten sind gelblich bis weiß. Die Schafgarbe gedeiht vor allem auf stickstoffhaltigen, eher trockenen Lehmböden.

Heilpflanzen

Wasserminze (Mentha aquatica)

auch bekannt als Bachminze

Blütezeit
Juli bis Oktober

Pflanzenbeschreibung

Die Wasserminze lässt sich auf der Pflanzenliste des „Capitulare de Villis" genau zuordnen und ist dort die Nummer 41.

Die Wasserminze aus der Familie der Lippenblütler ist eine ausdauernde krautige Pflanze. Sie wächst aufrecht und erreicht Wuchshöhen bis zu 80 Zentimeter. Der vierkantige Stängel trägt kreuzgegenständige, spitz zulaufende Blätter, welche einen gezähnten Rand besitzen. Die Blüten sitzen in den Achseln der oberen Blätter als Scheinquirle und am Ende des Triebes als kugelförmiger Teilblütenstand. Die Kronblätter können einen rosafarbenen oder fast weißen Farbton annehmen. Markant ist natürlich der Duft nach Pfefferminz, insbesondere, wenn man die Blätter zerreibt. Im 17. Jahrhundert entstand durch die Kreuzung der Wasserminze und der Grüne Minze die heutzutage wohl bekannteste Minzenart – die Pfefferminze. Die Wasserminze bevorzugt feuchte oder nasse Böden und benötigt stickstoffreiche Erde.

Wermut (Artemisia absinthium)

auch bekannt als Gemeiner Wermut, Wermutkraut, Bitterer Beifuß, Alsem

Blütezeit
Juli bis September

Pflanzenbeschreibung

„Absinthium" nennt Walahfrid Strabo den bitteren Wermut. Hildegard von Bingen setzte Wermut als Mittel gegen Erschöpfung an.

Wermut aus der Familie der Korbblütler ist ein ausdauernder, häufig krautiger Halbstrauch, mit einer Wuchshöhen von 40 bis 100 Zentimeter. Zunächst bildet sich ein Rhizom, aus dem die aufrechten, behaarten Stängel hervorgehen. Die silbrigen Blätter sind in Bodennähe dreifiedrig und lang gestielt, im oberen Bereich zweifach gefiedert und kurz gestielt bis fast anliegend. Die Oberseiten sind behaart. Die gelben Blüten formieren sich zu stark verästelten Rispen, die bis zu 30 Zentimeter lang werden können. Wermut bevorzugt sonnige Plätze und braucht eher durchlässige Böden. Charakteristisch sind der aromatische Duft und insbesondere der bittere Geschmack der Pflanze, von dem sich der Begriff „Wermutstropfen" ableitet.

Birnen. *Aus: Tacunium sanitatis (in medicina).*

Mispeln. *Verfasser war Ibn Butlan.*

Saure Kirschen. *Einschließlich der Bilder entstand …*

Kohl. *… das Werk zwischen dem 11. und 13. Jahrhundert.*

Poree. *Die erste deutsche Ausgabe hieß …*

Basilikum. … *„Schachtafelen der Gesuntheyt".*

Ysop. *Es ist ein Hausbuch, dessen Originale sich in der …*

Wermut. … *Österreichischen Nationalbibliothek, Wien, befinden.*

Gewürzpflanzen

Basilikum (Ocimum basilicum)

Unter anderem auch bekannt als Basilienkraut, Hirnkraut, Königskraut, Königsbalsam oder Deutsche Pfeffer.

Blütezeit
Juni bis September

Pflanzenbeschreibung

Vermutlich ist Basilikum erst im 12. Jahrhundert nach Deutschland gekommen. Hildegard von Bingen kannte das Kraut zumindest, denn sie empfahl es zum Beispiel gegen Sprachstörungen.

Basilikum aus der Familie der Lippenblütler ist eine einjährige, hochstehende, buschig wachsende Pflanze und kann bis zu 60 Zentimeter hoch wachsen. Die kreuzständig stehenden grünen Blätter sind oval geformt und werden bis zu 5 Zentimeter lang und 3 Zentimeter breit. An einem etwa 2,5 Millimeter langen Blütenstiel sitzen fünf ebenfalls sattgrüne Kelchblätter, die glockenförmig verwachsen sind. Die fünf Kronblätter sind je nach Sorte weiß, gelbweiß oder rötlich.

Bohnenkraut (Saturea hortensis)

auch bekannt als Kölle, Pfefferkraut

Blütezeit
Juli bis September

Pflanzenbeschreibung

Bohnenkraut steht auf der Pflanzenliste des „Capitulare de Villis" und ist dort die Nummer 40. Laut Hildegard von Bingen ist es ein geeignetes Mittel gegen Gicht.

Bohnenkraut gehört zur Familie der Lippenblütler und ist eine einjährige krautige Pflanze, deren Stängel im unteren Teil verholzen. An diesen meist aufrecht wachsenden Stängeln ordnen sich gegenständig stehende, schmale lanzettlich geformte Blätter an, die an den Seiten behaart sind. Die Blüten sind rund 6 Millimeter groß, stehen in lockeren Teilblütenständen und weisen meist eine weiße Farbe auf, manchmal aber auch blasslila oder rosa. Bohnenkraut bevorzugt einen sonnigen Standort mit lockerem, trockenem Boden.

Dill (Anethum graveolens)

auch bekannt als Dille, Gurkenkraut oder Kapernkraut

Blütezeit
Juni bis September

Pflanzenbeschreibung
Dill steht auf der Pflanzenliste des „Capitulare de Villis" und ist dort die Nummer 35.

Dill aus der Familie der Doldenblütler wächst aufrecht und erreicht meist eine Wuchshöhe bis etwa 80 Zentimeter, hin und wieder sogar bis 120 Zentimeter. Am feingerillten, im oberen Teil verzweigten Stängel verteilen sich die Blätter, die spitz und fadenförmig sind. Sein aromatischer Duft ist unverkennbar. Der charakteristische Blütenstand entsteht durch die gelben Doppeldolden, deren Strahlen alle ähnlich lang sind. Die Dolden sind im Durchmesser zwischen 5 bis 15 Zentimeter und tragen jeweils 15 bis 25 dottergelbe, kleine und fünfzählige Blüten. Dill bevorzugt nährstoffhaltige, feuchte Böden, braucht aber auch einen sonnigen Platz.

Fenchel (Foeniculum vulgare)

auch bekannt als Bitterfenchel, Fenikel, Frauenfenchel, Langer Anis

Blütezeit
Juli bis September

Pflanzenbeschreibung
Fenchel steht auf der Pflanzenliste des „Capitulare de Villis" und ist dort die Nummer 36. Walahfrid Strabo führt ihn unter der Bezeichnung „ feniculum" auf. Hildegard von Bingen weist auf die heilende Wirkung bei Verdauungsbeschwerden sowie bei Melancholie hin.

Fenchel aus der Familie der Doldenblütler ist eine mehrjährige Pflanze, die eine Wuchshöhe zwischen 80 und 200 Zentimeter erreichen kann. Der feinblättrige Fenchel verströmt ein anis-ähnliches Aroma. Der aufrecht wachsende, gerillte Stängel ist im oberen Teil verzweigt. Die Blätter stehen wechselständig, die bis zu 6 Zentimeter lange werden und fadenartig geformt sind. Die kleinen sattgelben Blüten bilden sich in Doppeldolden, die unterschiedlich lange Strahlen besitzen. Fenchel bevorzugt warme, sonnige Standorte und nährstoffreichen, lehmigen Boden.

Gewürzpflanzen

Kerbel (Anthriscus cerefolium)

Blütezeit
Mai bis Juni

Pflanzenbeschreibung
Kerbel steht auf der Pflanzenliste des „Capitulare de Villis" und ist dort die Nummer 70. Auch Walahfrid Strabo dichtete einige Zeilen zum „Cerefolium". Hildegard von Bingen empfahl ihn zum Beispiel bei Krätze.

Kerbel ist eine einjährige Pflanze und gehört der Familie der Doldenblütler an. Er wächst bis zu 70 Zentimeter hoch. Der rundliche Stängel ist kahl und im unteren Bereich leicht gerillt. Die Blätter sind von hellgrüner Farbe, besitzen eine dreieckige Form und sind meist dreifach gefiedert. Die weißen Blüten bilden sich in Doppeldolden. Die Dolden erster Ordnung sind drei- bis fünfstrahlig. Die Döldchen sind weich und locker behaart. Der Durchmesser der Dolden liegt zwischen 5 bis 7 Zentimeter. Wiedererkennbar ist der aromatische Duft mit einer Mischung aus Anis und Petersilie. Kerbel sollte möglichst auf nährstoffreichen und lockeren Lehmböden angepflanzt werden. Er liebt Sonne, verträgt aber durchaus auch Halbschatten.

Knoblauch (Allium sativum)

Blütezeit
Juni bis August

Pflanzenbeschreibung
Knoblauch steht auf der Pflanzenliste des „Capitulare de Villis" und ist dort die Nummer 64. Hildegard von Bingen beschreibt ihn als hilfreich bei Magen-Darm-Beschwerden.

Knoblauch aus der Familie der Amaryllisgewächse ist ein mehrjähriges krautiges Zwiebel- oder Lauchgewächs. Der Stängel ist etwa bis zur Hälfte mit flachen Blättern versehen, die etwa 1 bis 2 Zentimeter breit sind und eine bläulich-grüne Farbe aufweisen. Knoblauch kann eine Wuchshöhe von ungefähr 80 Zentimeter erreichen. Markant ist die Zwiebel, die aus vielen kleinen Nebenzwiebeln besteht, den sogenannten Zehen, die von einer weißen bis rötlichen Haut umgeben ist. Die Zwiebeln können im September und Oktober geerntet werden. Der Blütenstand ist eine Trugdolde mit wenigen weißen bzw. rosafarbenen Blüten. Daneben werden auch die Brutzwiebeln ausgebildet, die von einem Hüllblatt umgeben sind. Knoblauch bevorzugt lockeren, sandigen Boden, benötigt zudem viel Wärme und sollte nicht zu stark gewässert werden.

Gewürzpflanzen

Liebstöckel (Levisticum officinale)

auch bekannt als Gichtstock, Luststock, Maggikraut, Sauerkrautwurz

Blütezeit
Juli bis August

Pflanzenbeschreibung

Liebstöckel steht auf der Pflanzenliste des „Capitulare de Villis" und ist dort die Nummer 33b. Walahfrid Strabo führt ihn unter der Bezeichnung „lybisticum" auf. Hildegard von Bingen weist auf die heilende Wirkung zum Beispiel bei Lungenschmerzen hin.

Liebstöckel ist eine ausdauernde krautige Pflanze aus der Familie der Doldenblütler. Sie kann bis zu 2,5 Meter hoch werden und bis zu einem Meter breit. Der sattgrüne Stängel ist mit feinen Rillen versehen und verästelt sich mit aufrecht stehenden Zweigen. Die zwei- bis dreifach gefiederten Blätter können bis zu 70 Zentimeter lang und auch breit werden. Auf den Doppeldolden bilden sich Blüten von blassgelber Farbe. Man kann einen sellerieähnlichen Duft wahrnehmen. Der winterharte Liebstöckel wächst auf nährstoffreichen, feuchten Böden sowie an sonnigen Standorten oder im Halbschatten.

Petersilie (Petroselinum crispum)

auch bekannt als Bittersilche, Peterchen, Peterling, Silk

Blütezeit
Juni bis Juli

Pflanzenbeschreibung

Petersilie steht auf der Pflanzenliste des „Capitulare de Villis" und ist dort die Nummer 31. Hildegard von Bingen empfahl sie bei Fieber und beispielsweise bei Magen- oder Herzbeschwerden.

Petersilie ist eine zweijährige Pflanze aus der Familie der Doldenblütler. Sie kann Wuchshöhen bis zu 100 Zentimeter erreichen. Aus der rübenförmigen Wurzel wachsen kahle Stängel, an denen sich zwei- bis dreifach gefiederte dunkelgrüne Blätter anordnen. Die Blätter gibt es in sowohl in gekräuselter als auch glatter Form. Die Blüten auf den Doppeldolden mit acht bis zwanzig Strahlen sind grünlich-gelb. Petersilie gedeiht am besten auf feuchtem und fruchtbarem Boden mit viel Sonne. Sie verträgt aber auch Halbschatten. Zu beachten ist, dass man Petersilie nie dort säen sollte, wo bereits im Jahr zuvor Doldengewächse wie Petersilie, Dill, Möhre oder Sellerie angebaut wurde.

Salbei (Salvia officinalis)

auch bekannt als Edelsalbei, Gartensalbei, Heilsalbei

Blütezeit
Mai bis Juli

Pflanzenbeschreibung

Salbei steht auf der Pflanzenliste des „Capitulare de Villis" und ist dort die Nummer 5. Nach Walahfrid Strabos Vorstellung sollte die „salvia" einem bereits am Eingang begrüßen. Hildegard von Bingen setzte sie ein bei „stinkendem Atem" oder wenn „jemand Überfluss an Schleim hat".

Salbei gehört zur Familie der Lippenblütler. Der Gartensalbei kann Wuchshöhen bis zu 70 Zentimeter erreichen. Er ist ein filzig behaarter Halbstrauch, dessen graugrüne, lanzettlich geformte Blätter kreuzweise versetzt und gegenständig angeordnet sind. Markant ist der aromatische Duft des Salbeis. Die Blüten stehen in ährenartigen Blütenständen und sind violett, manchmal auch rosa oder weiß. Die fünf Kronenblätter bilden einen Kelch mit einer kaum gewölbten Oberlippe. Salbei bevorzugt einen kalkreichen und trockenen Boden mit viel Sonne.

Schnittlauch (Allium schoenoprasum)

auch bekannt als Graslauch, Binsenlauch, Grusenich, Jakobszwiebel, Schnittling

Blütezeit
Mai bis August

Pflanzenbeschreibung

Schnittlauch steht auf der Pflanzenliste des „Capitulare de Villis" und ist dort die Nummer 59.

Schnittlauch gehört zur Familie der Amaryllisgewächse und ist eine mehrjährige krautige Pflanze. Er kann bis etwa 50 Zentimeter Höhe wachsen. Schnittlauch besitzt eine längliche, eiförmige Zwiebel, aus der sich die hohlen runden Laubblätter bilden, die einen Durchmesser zwischen 2 bis 6 Millimeter haben. Auf dem Stängel, der den Blättern recht ähnlich sieht, bilden sich auf Hüllblättern kugelförmige Blütenstände mit bis zu 50 rosafarbene bis violette Blüten. Die Hüllblätter haben meist eine rötliche Färbung und gehen nie über den Blütenstand hinaus. Schnittlauch bildet keine Brutzwiebeln und gedeiht vor allem auf nährstoffreichen, feuchten und lockeren Böden.

Pflanzen im Mittelalter

Gewürzpflanzen

Ysop (Hyssopus officinalis)

auch bekannt als Bienenkraut, Duftisoppe, Eisenkraut, Eisop, Heisop, Hizopf, Ibsche, Isop, Ispen, Essigkraut, Josefskraut

Blütezeit
Juli bis Oktober

Pflanzenbeschreibung
Laut Hildegard von Bingen hilft Ysop gegen Leberschmerzen und „reinigt etwas die Lunge".

Ysop gehört zur Familie der Lippenblütler und ist eine ausdauernde krautige Pflanze, die eine Wuchshöhe bis zu 60 Zentimeter erreichen kann. An den meist aufrecht wachsenden, verzweigten Ästen bilden sich gegenständige Blätter, die sitzend bis fast sitzend an Kurztrieben angeordnet sind. Die Blätter sind mit Öldrüsen versehen. Die leuchtendblauen oder violetten, selten auch weißen oder rosafarbenen Blüten sind fünfzählig. Sie stehen in Scheinquirlen und gruppieren sich zu ährenartigen Blütenständen. Die Blütenkrone ist trichterförmig. Ysop besitzt einen aromatischen Geruch und ist von leicht bitterem Geschmack. Er bevorzugt sonnige Standorte und kalkhaltige Böden.

Gemüse

Gurke (Cucumis sativus)

Blütezeit
Juni bis August

Pflanzenbeschreibung
Gurke steht auf der Pflanzenliste des „Capitulare de Villis" und ist dort die Nummer 8.

Die Gurke gehört zur der Familie der Kürbisgewächse und ist eine einjährige Pflanze. Sie wächst kriechend, klettert aber auch, wenn man ihr die Möglichkeit gibt. Die borstig behaarte Pflanze erreicht so Längen bis zu vier Meter. Die ebenfalls behaarten Blätter sind herzförmig mit einem leicht gezähnten Rand. Die Blüten sind goldgelb.

Die Gurke wächst zur Fruchtzeit an den weiblichen Blüten zu einer 10 bis 60 Zentimeter langen Beerenfrucht heran, einer sogenannten Panzerbeere. Ursprünglich waren Gurken eher eiförmig, durch Züchtung sind die uns heute vertrauten Formen entstanden. Man erntet Gurken im unreifen Zustand, weshalb sie grün sind. Lässt man die Beere reifen, wird sie schließlich gelb. Sammelzeit ist zwischen Juli und September.

Kohl (Brassica oleracea)

auch bekannt als Kraut, Kappes, Krautkopf

Blütezeit
Mai bis September

Pflanzenbeschreibung
Kohl steht auf der Pflanzenliste des „Capitulare de Villis" und ist dort die Nummer 57. Allerdings gilt insbesondere für den Kohl, dass er sehr wahrscheinlich von der mittelalterlichen Sorte erheblich differiert.

Der Kohl gehört zur Familie der Kreuzblütengewächse und ist normalerweise eine zweijährige Pflanze, deren Wuchshöhe bei manchen Sorten sogar bis 250 Zentimeter betragen kann. Die dicken Stängel tragen bei den meisten Gemüsekohlsorten fleischige, graugrüne Blätter mit deutlich sichtbaren Rippen. Die Blüten sind meistens gelb und besitzen neben den Kelch-, Kron- und Staubblättern zudem 2 Fruchtblätter.
An den Fruchtblättern bilden sich die Früchte, die typischen Schoten, die je nach Sorte unterschiedliche Größen haben. Zu den gebräuchlichsten Kohlsorten gehören Grün- oder Krauskohl, Weißkohl, Rotkohl, Wirsing, Blumenkohl, Rosenkohl und auch Broccoli. Sammelzeit ist im Herbst.

Pflanzen im Mittelalter

Gemüse

Lauch (Allium porrum)

auch bekannt als Porree, Breitlauch, Winterlauch, Welschzwiebel, Gemeiner Lauch, Fleischlauch

Blütezeit
Juni bis Juli (vor allem Ziersorten)

Pflanzenbeschreibung
Lauch bzw. Porree steht auf der Pflanzenliste des „Capitulare de Villis" und ist dort die Nummer 60.

Lauch gehört zur Familie der Amaryllisgewächse und ist eine zweijährige krautige Pflanze. Allerdings ist die Zwiebel nicht sehr deutlich ausgeprägt. Die normale Wuchshöhe liegt zwischen 60 bis 80 Zentimeter. Am runden Stängel wachsen längliche, lanzettförmige Laubblätter. Die weißen bis rosafarbenen Blüten entfalten sich in einem kugelrunden, doldenartigen Blütenstand. Lauch bevorzugt stickstoffreichen, lehmigen und nicht zu feuchten Boden. Sammelzeit ist im Herbst und Winter.

Möhre (Daucus carota)

auch bekannt als Karotte, Mohrrübe, Gelbrübe, Gelbe Rübe, Rüebli

Blütezeit
Juni bis Oktober

Pflanzenbeschreibung
Die Möhre steht auf der Pflanzenliste des „Capitulare de Villis" und ist dort die Nummer 52.

Die Möhre aus der Familie der Doldenblütler ist eine zweijährige Pflanze, die im ersten Jahr eine Blattrosette aus doppelt oder dreifach gefiederten Blättern sowie eine Speicherwurzel bildet. Im folgenden Jahr wächst der verzweigte Spross, der die Blüten trägt. Er kann bis zu 150 Zentimeter Höhe wachsen. Eine Vielzahl weißer Blüten formiert sich am Spross zu Doppeldolden. Verwendet wird hauptsächlich die Wurzel der Möhre. Die wird umgangssprachlich auch als Rübe bezeichnet, hat aber mit den eigentlichen Rüben, die Kohlgewächse sind, nichts zu tun. Die Wurzeln der verschiedenen Möhrensorten geraten von der Form recht unterschiedlich, haben verschiedene Längen und Farben (z. B. rot, weiß oder violett). Möhren gedeihen am besten an sonnigen Plätzen und mögen lockere, humusreiche Böden.

Pastinak (Pastinaca sativa)

auch bekannt als die Pastinake oder Moorwurzel

Blütezeit
Juli bis August

Pflanzenbeschreibung

Der Pastinak steht auf der Pflanzenliste des „Capitulare de Villis" und ist dort die Nummer 53.

Der Pastinak aus der Familie der Doldenblütler ist mit der Möhre verwandt. Auch er ist eine zweijährige Pflanze und wächst bis 120 Zentimeter Höhe. Wie die Möhre erzeugt der Pastinak im ersten Jahr eine Blattrosette und Speicherwurzel. Ihre Laubblätter sind allerdings nur einfach gefiedert. Die Blüten sind gelb, gruppieren sich aber ebenfalls zu doppeldoldigen Blütenständen. Die Wurzel ist gelblich-weiß, erreicht eine Länge bis 30 Zentimeter und wird bis zu 12 Zentimeter dick. Pastinak ist frostresistent und benötigt einen lockeren, nährstoffreichen und kalkhaltigen Lehmboden. Sammelzeit ist im Herbst und Winter.

Rettich (Raphanus sativus)

Blütezeit
Mai bis Oktober

Pflanzenbeschreibung

Der Rettich steht auf der Pflanzenliste des „Capitulare de Villis" und ist dort die Nummer 61. Walahfrid Strabo erwähnt ihn als „radices". Hildegard von Bingen empfahl Rettich gegen Husten und Schnupfen.

Der Rettich aus der Familie der Kreuzblütengewächse ist eine aufrecht wachsende krautige Pflanze, es gibt einjährige bis zweijährige Sorten. Die Laubblätter wachsen wechselständig am Stängel, der sich verzweigen kann. Die Blüten sind violett oder weiß und stehen in Trauben am Stängelende. Die weißen Blüten sind oft violett gemasert. Die fleischige Rübe ist der Teil, der für gewöhnlich verwertet wird. Sie kann je nach Sorte sehr unterschiedliche Formen, Farben und Größen annehmen. Wichtige Vertreter des Rettichs sind der Garten-Rettich und das Radieschen. Der Rettich benötigt lockeren, möglichst sandigen, lehmigen und humusreichen Boden. Sammelzeit ist je nach Sorte von Frühling bis Herbst.

Salat (Lactuca sativa)

Blütezeit
Juni bis August

Pflanzenbeschreibung

Der Salat steht als Lattich (lateinisch lactuca) auf der Pflanzenliste des „Capitulare de Villis" und ist dort die Nummer 24a. Hildegard von Bingen meint, dass der Gartensalat, entsprechend angerichtet, förderlich für die Verdauung ist.

Der Salat gehört zur Gattung der Lattiche, die den Korbblütlern zugeordnet werden. Salat ist eine zweijährige krautige Pflanze, die zuerst lediglich eine Blattrosette bildet. Dies sind die gewünschten Salatköpfe, die für gewöhnlich verwendet werden. Je nach Sorte können diese Blätter nach Farbe und Form recht unterschiedlich sein. Normalerweise erscheinen sie aber hellgrün, sind ganzrandig und kahl. Lässt man die Pflanze wachsen, bildet sich im Sommer der Stängel, der bis zu 100 Zentimeter hoch wachsen kann. An ihm wachsen Laubblätter mit einem welligen Rand. Im oberen Bereich verästelt der Stängel, dort bilden sich überall kleine gelbe Blütenköpfe. Salat bevorzugt lockere, gut durchlüftete und humusreiche Böden sowie sonnige Standorte.

Sellerie (Apium graveolens)

Blütezeit
Juni bis September

Pflanzenbeschreibung

Der Sellerie steht auf der Pflanzenliste des „Capitulare de Villis" und ist dort die Nummer 32. Walahfrid Strabo verteidigt den Sellerie als Heilpflanze. Hildegard von Bingen weist darauf hin, dass roher Sellerie nichts taugt, aber gekocht eine gesundheitsfördernde Wirkung hat.

Der Sellerie aus der Familie der Doldenblütler ist eine zweijährige Pflanze, die Wuchshöhen bis zu 100 Zentimeter erreichen kann. Ähnlich der Möhre bildet er im ersten Jahr eine Blattrosette. Der Stängel bildet sich im zweiten Jahr und trägt dunkelgrüne und einfach gefiederte Blätter. Die Blüten erscheinen in zahlreichen Dolden und sind meistens weiß. Am bekanntesten ist sicherlich der Knollensellerie, bei dem die uns vertraute Knolle aus Teilen der Blattrosette und der Wurzel gebildet wird. Sammelzeit ist im Herbst.

Zwiebel (Allium cepa)

auch bekannt als Zwiebellauch, Bolle, Küchenzwiebel, Speisezwiebel, Sommerzwiebel

Blütezeit
Juni bis Juli

Pflanzenbeschreibung

Die Zwiebel steht auf der Pflanzenliste des „Capitulare de Villis" und ist dort die Nummer 63. Hildegard von Bingen empfahl sie unter anderem bei Schüttelfrost oder Fieber.

Die Küchenzwiebel aus der Familie der Amaryllisgewächse ist eine ausdauernde krautige Pflanze. In der Regel wird sie allerdings bereits im ersten Jahr geerntet. Sie bildet zunächst keinen sichtbaren Stängel, sondern eine Art Scheibe aus, die sogenannte Zwiebelscheibe oder Zwiebelkuchen. Die darauf entstehenden Laubblätter werden in Unterblätter und Oberblätter unterschieden. Teile der Unterblätter dienen als Speicherorgan zur Überwinterung, das ist die eigentlich genutzte bekannte Zwiebel. Die Oberblätter wachsen grasartig und sind innen hohl. Lässt man die Pflanze gedeihen, entfalten sich weißlich-grüne Blüten in einer annähernd kugelförmigen Scheindolde. Die Zwiebel benötigt einen durchlässigen, lockeren und humusreichen Boden. Sammelzeit ist je nach Sorte von Juni bis September.

Zierpflanzen

Gemeine Akelei (Aquilegia vulgaris)

auch bekannt als Wald-Akelei

Blütezeit
Mai bis Juni

Pflanzenbeschreibung

Die Akelei wird bereits von Hildegard von Bingen zum Beispiel bei Fieber empfohlen. Auch Albertus Magnus erwähnt die Pflanze aus der Familie der Hahnenfußgewächse.

Die beliebte krautige Staudenpflanze kann bis zu 60 Zentimeter hoch wachsen und eine Breite von gut 40 Zentimeter erreichen. Die mehrjährige Akelei ist in mannigfaltigen Formen und Farben erhältlich. Die Blüten der Wildform sind meistens blau, die Gartenpflanzen der Gemeinen Akelei sind zudem mit weißen, rosafarbenen, roten, purpurnen oder sogar zweifarbige Blüten erhältlich. Die Pflanze ist winterhart und bevorzugt nährstoff- und kalkreichen Boden, der regelmäßig gedüngt und gewässert werden sollte.

Achtung: Die Akelei enthält geringe Mengen Blausäureglycoside und gilt als schwach giftig!

Gewöhnlicher Buchsbaum (Buxus sempervirens)

auch kurz als Buchs bezeichnet

Blütezeit
April bis Mai

Pflanzenbeschreibung

Bereits der römische Politiker Plinius d. J. beschrieb den Buschbaum. In den Klostergärten war er gewissermaßen die einzige Zierpflanze.

Der Buchsbaum aus der Familie der Buchsbaumgewächse ist ein immergrüner Strauch, der in seiner bekanntesten Form eine Wuchshöhe von 60 Zentimeter und eine Breite von etwa 40 Zentimeter erreichen kann. Die Blätter sind ellipsenförmig und rund 1 bis 2,5 Zentimeter lang. Die Zwergform mit einer Wuchshöhe bis zu 15 Zentimeter eignet sich hervorragend als Einfriedung für Flächen mit Blumenrabatten oder Kräuterbeeten. Der Buchsbaum bevorzugt Halbschatten oder Schatten, benötigt aber rund zwei Stunden Sonne täglich. Er kann bei guter Wasserversorgung aber auch in der Sonne stehen.

Achtung: Der Buchsbaum enthält Blausäureglycoside in allen Teilen und ist giftig!

Zierpflanzen

Hunds-Rose (Rosa canina)

Andere Bezeichnungen sind Hagrose und Heckenrose.

Blütezeit
Mai bis Juni, die Früchte zeigen sich im September bis Oktober

Pflanzenbeschreibung

Die Hunds-Rose steht auf der Pflanzenliste des „Capitulare de Villis" und ist dort die Nummer 2. Neben Walahfrid Strabo erwähnt sie auch Albertus Magnus in einem Merkgedicht und Hildegard von Bingen schreibt ihr eine heilende Wirkung zu, indem man beispielsweise die Blätter auflegt.

Die Hunds-Rose gehört zur Familie der Rosengewächse und bildet freistehend bis zu 3 Meter, in seltenen Fällen sogar fünf Meter hohe rundliche Büsche, die Äste wachsen weit überhängend. Im Gebüsch wächst sie als aufrechter, wenig verzweigter Strauch in die Höhe. Die Stacheln haben eine breite Basis und sind hakenförmig gebogen. Die 8 bis 12 Zentimeter langen Laubblätter sind wechselständig und unpaarig gefiedert. Die Kronblätter sind meist blassrosa, selten weiß oder kräftig rosafarben. Die Früchte, die Hagebutten, sind meistens eiförmig und haben eine rote Farbe.

Albertus Magnus erwähnt neben der Hunds-Rose auch die Alba-Rosen, die zu den sogenannten alten Rosen gehören und eine der ältesten kultivierten Formen der Rosen sind. Insofern spricht auch nichts dagegen, kultivierte Rosensorten im eigenen Garten zu verwenden.

Lavendel (Lavandula angustifolia, Lavendula officinalis)

auch bekannt als Lavander, Speik

Blütezeit
Juli bis August

Pflanzenbeschreibung
Hildegard von Bingen rühmte den Duft des Lavendel, von dem sie behauptet, dass er Läuse bekämpfen kann und außerdem gut für die Sehkraft ist.

Der immergrüne Lavendel gehört zur Familie der Lippenblütler und ist ein stark verzweigter Halbstrauch, der eine Wuchshöhe bis zu 100 Zentimeter, in seltenen Fällen sogar bis 200 Zentimeter erreichen kann. An den aufrecht stehenden Stängel ordnen sich die silbergrauen, länglichen und schmalen Blätter gegenständig an. Die fünfzähligen, violetten Blüten verströmen einen starken, sehr angenehmen Duft. Sie gruppieren sich zu einem ährenartigen Blütenstand mit mehreren Scheinquirlen. Die Blütenstiele sind recht kurz. Lavendel braucht einen sonnigen Standort und durchlässige Erde. Er verträgt zudem Trockenheit.

Madonnenlilie (Lilium candidum)

Blütezeit
Mai bis Juni

Pflanzenbeschreibung
Die Madonnenlilie steht auf der Pflanzenliste des „Capitulare de Villis" und ist dort die Nummer 1b. Auch Walahfrid Strabos führt ein Gewächs unter der Bezeichnung „lilium" auf.

Die Madonnenlilie gehört zur Familie der Liliengewächse und ist eine ausdauernde, mehrjährige und krautige Zwiebelpflanze. Sie erreicht Wuchsgrößen zwischen 50 und 130 Zentimeter. Bereits im Herbst bildet die Madonnenlilie eine Rosette mit bis zu 22 Zentimeter langen, breit-lanzettlichen, hellgrünen Blättern, die den Winter überdauern. Im Hochsommer tragen die Stängel mit den spiralförmig angeordneten Blättern zwischen 5 bis manchmal sogar 20 weiße Blüten, die eine trompetenartige Form besitzen. Daraus stechen optisch die gelben Staubbeutel hervor. Die Madonnenlilie bevorzugt sonnige Standorte mit feuchtem Boden.

Pflanzen im Mittelalter
Zierpflanzen

Osterglocke (Narcissus pseudonarcissus)

auch bekannt als Gelbe Narzisse, Osterglöckchen, Trompeten-Narzisse

Blütezeit
März bis Mai

Pflanzenbeschreibung
Die Narzisse war nachweislich bereits während der römischen Antike bekannt. Albertus Magnus erwähnt sie wohl als erster auch in seinen Schriften.

Die Osterglocke gehört zur Familie der Amaryllisgewächse. Sie ist eine ausdauernde krautige Pflanze und wird bis zu 40 Zentimeter groß. Die vier bis sechs Laubblätter wachsen grundständig und sind lanzettlich geformt. Auf dem Stängel bildet sich eine sechszählige hellgelbe Blüte, welche die markante glockenförmige, sattgelbe Kronenblüte umrahmt. Die winterharte Narzisse bevorzugt sonnige Standorte mit nicht zu trockenem und nährstoff- reichem Boden. Während der Blütezeit sollte die Osterglocke reichlich gegossen werden.

Achtung: Die Osterglocke ist giftig!

Deutsche Schwertlilie (Iris germanica)

auch Ritter-Schwertlilie genannt

Blütezeit
Mai bis Juni

Pflanzenbeschreibung
Die Deutsche Schwertlilie steht auf der Pflanzenliste des „Capitulare de Villis" und ist dort die Nummer 17a. Auch Walahfrid Strabos führt sie auf, allerdings unter der Bezeichnung „gladiola".

Die Schwertlilie gehört zur Familie der Schwertliliengewächse und ist eine mehrjährige krautige Pflanze mit einem kräftigen Wurzelstock. Sie kann bis zu 80 Zentimeter hoch wachsen. Die graugrünen Blätter besitzen die charakteristische Schwertform mit einer Länge zwischen 30 bis 70 Zentimeter. Am Blütenschaft sitzen Blüten, deren äußere Hängeblätter dunkelviolett sind mit einem gelben Bart am unteren Rand. Die inneren Blätter sind ebenfalls violett, allerdings im helleren Farbton. Die Schwertlilie gedeiht am besten an nährstoffreichen und kalkhaltigen Standorten mit viel Sonne.

Pflanzen im Mittelalter

Zierpflanzen

Veilchen (Viola odorata)

Duftveilchen, auch Märzveilchen oder Wohlriechendes Veilchen genannt

Blütezeit
März bis April

Pflanzenbeschreibung

Das Duftveilchen hatte sowohl in der griechischen als auch römischen Antike eine kultische Bedeutung. Hildegard von Bingen empfahl das Veilchen als Mittel gegen Fieber und Melancholie. Albertus Magnus nahm es für seinen Lustgarten in die engere Wahl.

Das Duftveilchen aus der Familie der Veilchengewächse ist eine ausdauernde krautige Pflanze. Sie wächst bis zu 15 Zentimeter hoch. An den behaarten, rückwärts anliegenden Blattstielen wachsen runde bis eiförmige, grundständige Blätter. Außerdem bilden sich breit-lanzettlich geformte Nebenblätter mit kurzen Fransen. Die stumpfen Blüten sind dunkelviolett und duften angenehm. Das anspruchslose Veilchen bevorzugt leichten Schatten, kann aber auch an sonnigen Standorten gedeihen und benötigt feuchte, durchlässige Erde.

Kreuzblättrige Wolfsmilch (Euphorbia lathyrus)

Andere Bezeichnungen sind unter anderem Hexenmilch, Giftmilch, Spechtwurzel, Wühlmauswolfsmilch und Warzenkraut

Blütezeit
Juni bis August, je nach Standort

Pflanzenbeschreibung

Die Wolfsmilch steht auf der Pflanzenliste des „Capitulare de Villis" und ist dort die Nummer 71. Sie findet Erwähnung im Lorscher Arzneibuch und bei Hildegard von Bingen.

Die Kreuzblättrige Wolfsmilch ist eine kräftige, immergrüne und zweijährige Pflanze und kann eine Höhe bis zu einem Meter erreichen. Vom bis zu 2 Zentimeter dicken Stängel stehen die lanzettförmigen Blätter kreuzweise gegenständig ab. Die Blätter werden bis 15 Zentimeter lang und besitzen eine charakteristische Mittelrippe. Das krautige Gewächs enthält einen milchigen Saft, der wohl Pate für den deutschen Namen stand. Die Kreuzblättrige Wolfsmilch fühlt sich am wohlsten auf lockeren und nährstoffreichen Lehmboden und bevorzugt warme Standorte.

Achtung: Die Kreuzblättrige Wolfsmilch ist giftig!

Obst

Apfel (Malus domestica)

Blütezeit
April bis Mai

Pflanzenbeschreibung

Der Apfelbaum steht auf der Pflanzenliste des „Capitulare de Villis" und ist dort die Nummer 90.

Der Apfelbaum aus der Familie der Rosengewächse erreicht mitunter eine Wuchshöhe bis zu 10 Meter. Die Blätter sind wechselständig, ellipsenförmig und meist mit gesägtem Rand. Die Unterseite kann behaart, aber auch glatt sein. Mit den Blättern entfalten sich auch die Blüten, die einzeln oder in endständigen Dolden stehen können. Dann erstrahlt der Apfelbaum in einem weißen bis rosafarbenen Gewand. Die Äpfel werden je nach Sorte von August bis Oktober geerntet.

Die Apfelsorten aus Karls Zeiten existieren durch Weiterzüchtung nicht mehr. Alte Kultursorten sind beispielsweise Edelborsdorfer, Goldparmäne, Gravensteiner, Großer Rheinischer Bohnapfel oder Von Zuccalmaglios Renette.

Birne (Pyrus communis)

auch Kruschke, Kletze oder Hutzelbirne genannt

Blütezeit
April bis Mai

Pflanzenbeschreibung

Der Birnbaum steht auf der Pflanzenliste des „Capitulare de Villis" und ist dort die Nummer 75.

Der Birnbaum aus der Familie der Rosengewächse kann Wuchshöhen bis zu 20 Meter erreichen. Die wechselständigen Blätter sind ellipsenförmig mit einem spitzen Ende und sind am Rand fein gesägt. Zunächst sind sie behaart, werden aber mit der Zeit kahl. Die weißen Blüten mit roten Staubbeuteln formieren sich zu doldentraubigen Blütenständen. Die Birnen werden je nach Sorte von Juli bis Oktober geerntet. Die zahlreichen Birnensorten werden in Tafel-, Koch- oder Mostbirnen unterschieden.

Pflanzen im Mittelalter

Obst

Speierling (Sorbus domestica)

auch bekannt als Sperberbaum, Sporapfel, Spierapfel

Blütezeit
Mai bis Juni

Pflanzenbeschreibung

Der Speierling steht auf der Pflanzenliste des „Capitulare de Villis" und ist dort die Nummer 77.

Der Speierling aus der Familie der Rosengewächse ist eine etwas ausgefallene Möglichkeit, um den eigenen Garten zu schmücken. Aber im Mittelalter war er von großer Bedeutung. Im Normalfall erreicht er Wuchshöhen zwischen 10 und 20 Meter. Er entwickelt wechselständige bis zu 20 Zentimeter lange gefiederte Blätter. Die Fiedern sind gezähnt. Die weißen Blüten entfalten sich in Kegelrispen angeordnet. Der Baum fruchtet von September bis Oktober. Die Früchte sehen wie kleine Äpfel oder Birnen aus.

Stachelbeere (Ribes uva-crispa)

auch bekannt als Klosterbeere, Grusselbeere

Blütezeit
April bis Mai

Pflanzenbeschreibung

Stachelbeergewächse wie die Stachelbeere oder die Rote Johannisbeere werden wohl erst seit dem 14. oder 15. Jahrhundert kultiviert. Literarisch erwähnt wird die Stachelbeere bereits im 13. Jahrhundert bei dem französischen Schriftsteller Rutebeuf.

Die Stachelbeere aus der Familie der Stachelbeergewächse ist ein sommergrüner buschiger Strauch, der Wuchshöhen bis etwa 100 Zentimeter erreichen kann. Die Äste sind mit Dornen versehen. Die wechselständigen Blätter sind dunkelgrün und drei- bis fünflappig. Die grünlichen bis rötlichen Blüten entfalten sich in den Blattachseln. Die säuerlichen Früchte sind meist behaart und erscheinen je nach Sorte in verschiedenen Farben wie weiß, gelb, grün oder auch rot. Der Strauch fruchtet von Juli bis August.

Aufbau eines mittelalterlichen Gartens

Kräutergarten der Basilika St. Marcellinus und Petrus in Seligenstadt

Kurze Beschreibung der Gartenarten

Kräuter- oder Arzneigarten

Nimmt man die zur Verfügung stehenden Quellen als Basis für die Gestaltung eines Mittelaltergartens, scheint der „Herbularius", der Kräuter- oder Arzneigarten die naheliegendste Variante zu sein. Nicht umsonst haben Gärten wie auf Reichenau oder in Lorsch Strabos Vorstellungen mit den Vorgaben des St. Galler Klosterplans kombiniert.

Prägnant ist, dass je Beet nur eine Pflanzenart vorgesehen ist. Die viereckigen Beete werden symmetrisch angeordnet. Beispielsweise jeweils vier Beete, die parallel nebeneinander stehen. Ihre Anzahl und Größe hängen natürlich vom Platz ab, der verwendet werden kann. Durch diese Anordnung gliedert man die Gartenfläche und es entstehen rechtwinklig verlaufende Pfade. Die Wege sollten breit genug sein, um an den Beeten arbeiten zu können.

Hier eine Übersicht, wie Strabos Garten anhand der Vorlage des St. Galler Klosterplans zum Beispiel auf Reichenau in etwa umgesetzt wurde. Der Klosterplan zeigt die acht gleichmäßig angeordneten Beete in der Mitte, die umgeben sind von weiteren – ursprünglich sechzehn – schmalen Beeten. Die ebenfalls im Gedicht beschriebene „Ambrosia" (entweder Rainfarn oder Schafgarbe) ist nicht eindeutig identifiziert und fehlt daher in der Abbildung.

Ihre eigenen Rabatte und Beete müssen natürlich nicht diese Pflanzenauswahl beherbergen. Vielmehr können Sie durch die strikte Trennung der Gewächse Ihren Vorlieben freien Lauf lassen, weil Sie keine Rücksicht auf passende Pflanzenpartner nehmen müssen.

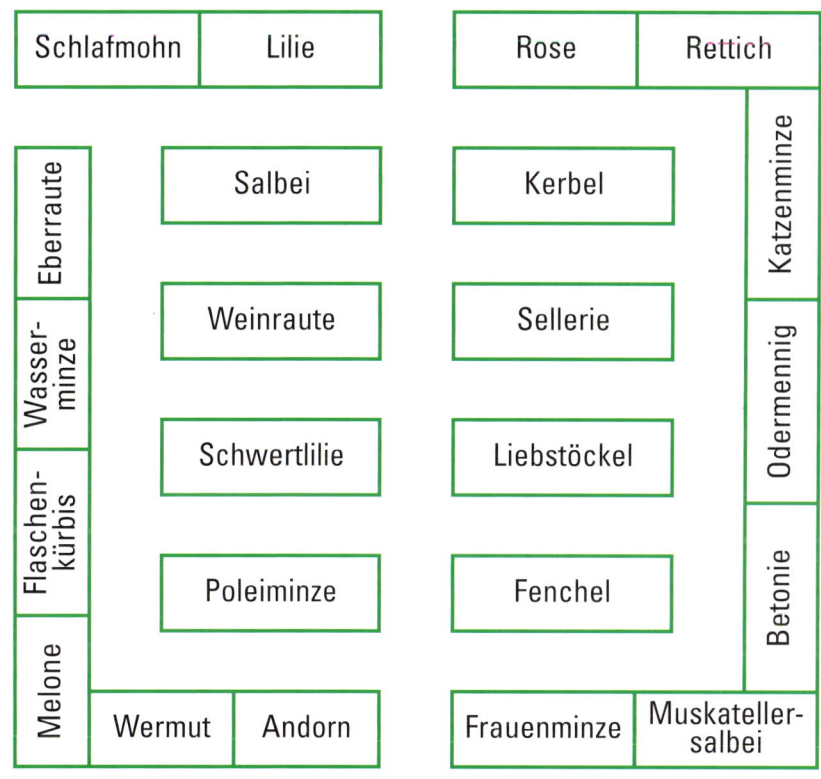

Garten nach Walahfrid Strabo

Die Beete werden als Hochbeete angelegt und mit Holz umfasst. Denn schon Walahfrid Strabo dichtete im „Hortulus":

„Und ich umzäume mit Holz es im Viereck, damit es beharre, Über dem ebenen Boden ein wenig höher gehoben."

Gemüse- oder Nutzgarten

Hochbeet im Gemüsegarten

Auf dem St. Galler Klosterplan ist neben dem Kräutergarten auch ein Gemüse- bzw. Nutzgarten abgebildet. Nebenan wohnte sinnvollerweise der „hortulanus", der Gärtner. Der gezeigte Gemüsegarten enthält 18 rechteckige, schmale Beete, die in zwei parallelen Reihen aufgestellt sind. Auch hier entsteht durch diese Anordnung ein regelmäßiges, rechtwinkliges Wegenetz. Und ebenfalls steht zu vermuten, dass Hochbeete durch Holzbretter begrenzt wurden.

Denkbar ist aber auch eine Abgrenzung verschiedener Beete durch Buchsbaumhecken. Verwendet wurde dazu der Buchsbaum von niedriger Varietät – allein schon, weil sonst das Bearbeiten der Beete ziemlich mühselig wäre. Innerhalb der Hecke können Gemüsesorten wie Kohl, Salat oder Rettich angebaut, aber auch Rabatte mit allerlei Zierpflanzen angelegt werden. Durch diese Anordnung erzielt man durchaus auch den sehr ursprünglichen Charme eines traditionellen Bauergartens. Die Verwendung einer Hecke als konturgebendes Element kann zudem genutzt werden, um das für die mittelalterlichen Klöster so typische Wegekreuz zu gestalten.

Eine weitere Variante des Nutzgartens im Mittelalter war der Obstgarten, der allerdings größere Flächen benötigt. Häufig wurden diese Gärten von Hecken, Wassergräben oder Baumreihen begrenzt, um größere Schädlinge fernzuhalten. Auch hier waren die Klöster Vorreiter, denn die ersten größeren Obstwiesen entstanden in deren Umfeld. Die Bäume des Obstgartens wurden üblicherweise in regelmäßigen Reihen aufgestellt, wie man es beispielsweise an Albertus Magnus Lustgarten erkennen kann.

Kurze Beschreibung der Gartenarten

Lustgarten

Wer etwas mehr Platz zur Verfügung hat, kann sich an einen Lustgarten nach Vorstellung des Albertus Magnus wagen. Diese Variante eines mittelalterlichen Gartens lebt vom Zusammenspiel der offenen Fläche eines Baumgartens mit verschiedenen Ostbäumen und des kompakten Areals der Nutzbeete, die aber auch dem historischen Vorbild zufolge bereits Zierpflanzen enthalten durften. Beide Komponenten können entweder durch Rasenbänke, wie es Albertus Magnus vorsieht, oder aber durch eine Buchsbaumhecke getrennt werden.

Günstig für einen Lustgarten ist eine längliche rechteckige Gartenfläche. Etwas mehr als ein Drittel kann für die Beete und Rabatte bereitgestellt werden. Dem Kräutergarten ähnlich werden diese symmetrisch angeordnet, beispielsweise in zwei Viererreihen. Dadurch entsteht wieder das charakteristische rechtwinklige Wegesystem. Dort hat man ausreichend Gelegenheit, Kräuter, Gemüse oder Zierpflanzen zu setzen.

Eine ausgewogene Mischung sollte es sein, die bereits damals so vorgesehen war. Neben aromatischen Kräutern wie Andorn, Salbei oder Frauenminze können für das Auge dekorative Rosen, Lilien oder Akeleien gepflanzt werden.

Die Beete sollten deutlich von der Fläche des Baumgartens getrennt sein. Albertus schlug dazu vor, eine Art Hochbeet mit einer Rasenfläche zum Sitzen als Abgrenzung zu errichten. An den Seiten kann man Zierblumen anpflanzen, um den schmückenden und angenehmen Charakter zu betonen. Alternativ kann man als trennendes Element eine Buchsbaumhecke setzen und die Bänke dann an geeigneter Stelle platzieren. Allerdings hat eine solche zentrale Bank, auf der beide Blickrichtungen möglich sind, den Vorteil, dass man von dort beide Teile des Lustgartens zu genießen vermag.

Zum Lustwandeln eignet sich die restliche Gartenfläche, die mit Rasen bedeckt ist und wo der eine oder andere Obstbaum für erholsamen Schatten sorgen kann. In Albertus' Vorlage ist es vorgesehen, Baumreihen oder Weinreben an der Süd- und Westseite anzulegen, um den Rasen gegen die Sonneneinstrahlung zu schützen und um ebenfalls Schatten zu spenden. In zentraler Lage stellt sich Albertus ein Wasserbecken als Quelle gegebenenfalls mit einem Abfluss vor. Um einen Blickfang mit Wasser in die Mitte des eigenen Lustgartens zu erhalten, kann man beispielsweise eine Vogeltränke setzen.

Es bieten sich viele Gestaltungsmöglichkeiten für Gartenbrunnen.

Gartengestaltung

Kopfsalat, Kräuter und Zwiebeln im Gemüsegarten, feste Bestandteile eines mittelalterlichen Gartens

In diesem Kapitel wird der Versuch unternommen, ein Basiskonzept für einen mittelalterlichen Garten vorzuschlagen. Berücksichtigung finden darin alle drei oben beschriebenen Möglichkeiten. Je nach dem zur Verfügung stehenden Platz, kann sich jeder nach „Gusto" die entsprechenden Teile für seinen eigenen, individuellen Mittelaltergarten herauspicken. Da neben dem St. Galler Klosterplan die Grundlage für das Konzept des Lustgartens des Albertus Magnus ist, gehe ich bei der Planung von einer rechtwinkligen Gartenfläche aus. Ein zwingender Bezug zum Wohnhaus muss nicht bestehen, in den Quellen werden Gebäude nicht erwähnt. Die Lage des Gartens ist also beliebig, wer möchte, kann dieses Konzept zum Beispiel auch in seinem Schrebergarten neben der Gartenlaube umsetzen.

Die grundsätzliche Aufteilung ähnelt also dem Lustgarten von Albertus. Etwa ein Drittel der Fläche wird für einen Gemüsegarten verwendet. Dort können natürlich ebenfalls Zierblumen angepflanzt werden. Der restliche Teil wird überwiegend mit Rasen bedeckt und als Wohngarten verwendet. Je nach Größe sind dort mehrere Obstbäume vorgesehen. Allerdings sehe ich an geeigneter Stelle noch einen speziellen Kräutergarten vor, der im Aufbau dem des Walahfrid Strabo entsprechen soll.

Tipp:

Bevor man mit der Gartengestaltung vor Ort beginnt, sollte man seine Vorstellungen und Ideen möglichst maßstäblich auf ein Blatt Papier bannen. Das erspart mitunter viel Arbeit, weil so manche Idee „aus dem Bauch heraus" im Nachhinein nicht mehr sehr praktikabel erscheint. Dabei sollte man Aspekte wie Sonneneinstrahlung oder Hauptwindrichtung berücksichtigen.

Gartenbegrenzung

Legt man die mittelalterliche Idee des „Hortus Conclusus"(siehe Kapitel „Die Gärten an den Adelshöfen") zugrunde oder folgt dem Wunsch der Abgeschiedenheit der Benediktinermönche, dann müsste man den Garten vollständig mit einer Begrenzung umgeben. Wer den Kontakt zu seinen Nachbarn allerdings nicht verlieren möchte, geht weniger kompromisslose Wege. Denkbare Umgrenzungen sind Holzzäune, aber vor allem Mauern oder Hecken.

Wer Mauern setzen möchte, verwendet am besten Naturstein. Er versprüht durch seine nicht ebenmäßige Form ein altes, ursprüngliches Flair und fügt sich ob seiner grauen oder erdigen Farben optisch in das Gartenbild mit ein. Naturstein ist wegen dieser unregelmäßigen Gestalt allerdings nicht einfach zu verarbeiten. Jeder Stein muss einzeln angepasst werden. Das kann mitunter Zeit und Geld kosten. Ein Fachmann zum Beispiel setzt etwa 10 Quadratmeter Kleinpflaster am Tag. Inzwischen gibt es aber zu einer gewissen Vereinheitlichung Normen in Europa, die verschiedene Parameter des Natursteins wie Maßgenauigkeit, Frost-Tau-Wechsel oder Druckfestigkeit bewerten (EN 1342).

Hecken vermitteln den natürlichsten Eindruck und geben, bald mehr noch als Mauern, dem Garten einen gewissen Raumcharakter. Dabei spielt die Wuchshöhe nicht unbedingt eine Rolle, eher verstärkt eine in Form geschnittene Hecke diesen Effekt. Die strenge Form einer Hecke entspricht zudem dem mittelalterlichen Ideal der klaren Konturen. Wie oben ausgeführt, muss eine hohe Hecke nicht den kompletten Garten einfrieden. Vielmehr bietet sich die „Pflanzengrenze" als brauchbarer Schutz gegen eine Straße an, weil sie Staubbelastung und Lärm abmildern kann. Als Pflanze für eine Hecke ist der Buchsbaum für das

Mittelalter der wohl authentischste Kandidat, da er sowohl von Albertus als auch von Leon Battista Alberti (1404–1472) als Gestaltungsmittel für Gärten angeführt wird.

Mauerwerk, St. George-Kirche, Mazedonien

Wege

Anders als die Gärten der Neuzeit waren im Mittelalter Wege, um die Richtung eines Spaziergangs vorzugeben, nicht üblich. Vielmehr lustwandelte man über die Wiese und nahm keine Rücksicht auf vorgeschriebene Pfade. Eine Ausnahme bildet der Kreuzgang in den Klöstern.

Nichtsdestotrotz sind Wege ein mögliches Gestaltungsmittel. Denn dass sie nicht erwähnt wurden, besagt nicht unbedingt, dass sie nicht vorhanden waren. Man kann mutmaßen, dass durch häufige Nutzung bestimmter Strecken Trampelpfade entstanden, die zu häufig besuchten Orten des Gartens führten. Und im Bereich der Beete bilden sich die Wege zwangsläufig durch die Art der Anordnung, aber sie dienen eher zur Pflege als einem entspannten Flanieren.

Neben Hecken oder Mauern geben insbesondere Wege einem Garten eine Gliederung. Im Mittelalter bevorzugte man klare Strukturen in der Gartenarchitektur, wie die Entwürfe Strabos oder Albertus' zeigen. Wege haben aber zudem eine funktionale Aufgabe, denn man benötigt sie, um in die einzelnen Gartenbereiche zu gelangen, hin und wieder auch mit Werkzeug oder schwerem Gepäck wie Säcken mit Blumenerde. Auch hält man sich auf ihnen auf, um etwa Beete und Rabatte zu bearbeiten.

Die Funktion eines Weges bestimmt seine Dimension und Beschaffenheit. Für die Pfade zwischen den Beeten reicht ein unbefestigter Boden mit einer Breite von rund 30 bis 40 Zentimeter. Für Wege, auf denen transportiert wird, bietet sich eher ein befestigter Belag mit einer Breite von etwa 60 Zentimeter Breite an.

Für unbefestigte Wege sind Kies, Rindenmulch oder Splitt geeignet. Ohne Unterbau sind solche Wege nicht zu empfehlen. Dazu wird der Weg vorher ausgekoffert (etwa 25 Zentimeter) und anschließend mit einer Schicht Grobschotter (ca. 15 Zentimeter) sowie einer weiteren Schicht Feinschotter (ca. 5 Zentimeter) aufgefüllt. Die einzelnen Schichten müssen jeweils verdichtet werden. Bei diesen Belägen kann hin und wieder Unkraut gedeihen, das man möglichst zeitnah herausrupfen sollte.

Befestigte Wege sollten mit Naturstein gepflastert werden. Einige Natursteinsorten werden auch als Platten angeboten (z. B. Granit, Schiefer). Wichtig ist, dass der verwendete Stein frostbeständig ist (Marmor fällt in unseren Breiten somit weg). Auch diese Wege sollten mit einem geeigneten Unterbau versehen werden und zudem entsprechend verfugt werden. Zum Verfugen eignet sich bei Pflastersteinen zum Beispiel Fugensand. Allerdings ist das Verlegen von Naturstein und vor allem Natursteinplatten eine durchaus anspruchsvolle Arbeit. Wer sich nicht daran traut, sollte eine Fachfirma beauftragen. Natursteine eröffnen durch ihre verschiedenen Farben viel Raum, um seiner Phantasie freien Lauf zu lassen und dem Auge etwas Abwechslung zu bieten.

Tipp 1:

Wer sich jedoch die Kosten für einen Fachmann ersparen will, sollte im Baumarkt nachfragen, ob man sich das notwendige Equipment zum Verlegen der Steine ausleihen kann.

Tipp 2:

In der Regel läuft man bereits vor der Gartengestaltung viel auf dem Gelände umher. Die dabei entstandenen Trampelpfade können durchaus ein sinnvoller Hinweis darauf sein, wo später Wege verlaufen können.

Baumgarten

Flächenmäßig nimmt der Baum- oder Wohngarten den größten Teil ein. Den wohnlichen Charakter erhält dieser Raum durch die Verwendung eines Rasens. Schon Albertus Magnus legt besonderen Wert auf die Vorbereitung des Bodens, um eine Rasenfläche zu erhalten, die seinen Vorstellungen entspricht. Interessant ist dabei, dass schon damals Rasenstücke verlegt wurden, wenn keine Grassamen zur Verfügung standen. Insofern kann man gar nicht sagen, dass die Rasensaat authentischer wäre als das Verlegen eines Fertigrasens. Meines Erachtens fühlt sich das Säen aber ursprünglicher an und ist außerdem um einiges kostengünstiger als Fertigrasen.

Beim Verlegen eines Fertigrasens muss es frostfrei sein. Nach dem Ausrollen drückt man ihn an, damit sich der Rasenrücken mit dem Erdboden verbindet. Die überstehenden Ränder sticht man ab. Nach rund zwei Wochen kann man den Rasen betreten und nach einer weiteren Woche stärker belasten. Bis dahin muss er gegebenenfalls hin und wieder bewässert werden. Rollrasen muss möglichst nahtlos gelegt werden.

Beim Säen eines Rasens gibt es sehr viele Faktoren zu beachten, die den Rahmen des Buches sprengen würden. So seien an dieser Stelle lediglich die wichtigsten genannt:

- das Saatguts sollte vor dem Säen kühl, trocken und lichtgeschützt gelagert werden, damit es keimfähig bleibt

- während der Keimung dürfen die Temperaturen 5 °C nicht unterschreiten (am besten sind Temperaturen zwischen 15 °C und 21 °C)

- der Samen sollte nicht tiefer als 5 Millimeter im Boden liegen

- nach dem Säen den Boden anwalzen, damit die Samen Bodenschluss zur Erde bekommen und außerdem eine gleichmäßige und ebene Fläche entsteht

- anschließend muss der Boden feucht gehalten werden, damit die Samen quellen

- erreicht das frisch gekeimte Gras eine Wuchshöhe von etwa 10 Zentimeter, sollte es gemäht werden

Tipp 1:

Bevor mit dem Säen oder Verlegen des Rasens begonnen wird, sollte sichergestellt sein, dass die Hauptarbeiten an den Wegen vollendet sind, damit der Rasen dabei nicht beeinträchtigt wird.

Baumgarten

Zu einem Baumgarten benötigt man natürlich auch den einen oder anderen Baum! Um den mittelalterlichen Nutzcharakter zu bewahren, bieten sich Obstbäume wie Apfel-, Birn- oder Kirschbäume an. Authentischer ist es dabei, wenn man Hoch- oder Halbstämme pflanzt, da die ertragsreicheren Niederstämme erst im 19. Jahrhundert gezielt kultiviert wurden. Mit Hoch- oder Halbstämmen erzielt man in der Regel zwar später Erträge, aber erstens ist ihre Lebensdauer höher und zweitens wirken sie im Garten einfach ansprechender.

Obstbäume bevorzugen möglichst windgeschützte und sonnige Standorte. Vor allem Hochstammbäume können bei häufigem und starkem Wind schief anwachsen. Der Boden sollte tiefgründig sein, damit die Wurzeln nicht zu früh auf feste Bodenschichten treffen und dadurch das Wachstum gehemmt wird. Hochstämme benötigen einen Pflanzabstand von etwa 8 Metern, Halbstämme rund 7 Meter. Wer nicht über ausreichend Platz im Garten verfügt, aber unbedingt Obstbäume besitzen möchte, kann auf die Niedrigstämme zurückgreifen, die einen Pflanzabstand von 3–4 Meter vertragen. Gepflanzt werden Obstbäume je nach Art meistens im Herbst oder im Frühjahr.

> **Tipp 2:**
> Der Rasen sollte nur gemäht werden, wenn er trocken ist.

Baumgarten

Mit einem satten, grünen Rasen und Obstbäumen sind die Voraussetzungen zum Lustwandeln durch den eigenen Garten gegeben. Fehlt noch der Blickfang. Ein aufwendiger Gartenteich wird in den Quellen nicht erwähnt, wohl aber das Wasserbecken. Wasser übt eine ungemeine Faszination auf den Menschen aus. In der Antike oder der Renaissance war es ein unverzichtbares Element der Gartenarchitektur. Aber außer in den maurischen Gärten fristete die Gestaltung mit Wasser in den Gärten des Mittelalters gewissermaßen ein Mauerblümchendasein. Erst Albertus befreite das Wasser davon, wenn auch zaghaft. Er stellte ein Wasserbecken in das Zentrum seines Baumgartens.

Wie bereits weiter oben erwähnt, kann man eine flache Schale als Vogeltränke verwenden. Diese kann sich am Boden oder erhöht befinden. Denkbar ist auch, in Boden eingelassene Brunnenbecken mit Pflastersteinringen zu verwenden. Oder – um einen Hauch von Mittelalter zu erhalten – man kann einen alten Mühlstein mit großem Mittelloch als Wasserbehälter benutzen.

Um dem Konzept des Lustgartens gerecht zu werden, darf die Abgrenzung zum Nutzgarten nicht vergessen werden. Albertus beschreibt eine Rasenbank, die es zulässt, dass man beide Räume des Gartens von dort aus genießen kann. In der Regel wurde damals wohl Erde aufgeschüttet und mit Holzplanken oder Steinen eingefasst. Die Fläche wurde dann mit Rasen versehen. Die Ähnlichkeit zu den Hochbeeten ist sicherlich nicht zufällig, so scheinen die Rasenbänke eine Weiterentwicklung zu sein.

Für den eigenen Garten bietet sich ein entsprechendes Prinzip an. Gefälliger wirken Rasenbänke aus Naturstein. Die Bank darf natürlich nicht durchgängig sein, denn einen Durchgang zum Nutz-

garten benötigt man schon. Es bietet sich an, die Öffnung ungefähr mittig zu planen. So hat man die Möglichkeit, die Rasenbänke an beiden Seiten um die Ecke zu ziehen und Rabatte mit Zierblumen anzulegen. Was gibt es Schöneres, als zwischen Rosen gebettet die Sonne zu genießen und sowohl seinen Baum- als auch Nutzgarten betrachten zu können?

Auf alten Abbildungen sind aber auch Zäune zu sehen, die diese Aufteilung bewirken. Möglich ist zudem das Anpflanzen einer Buchsbaumhecke.

Tipp 3:

Erkundigen Sie sich beim Kauf eines Obstgehölzes, welche Veredlungsunterlage verwendet wurde sowie welche Wuchseigenschaften und Erträge zu erwarten sind. Man sollte schon vor dem Einpflanzen wissen, ob ein „ausgewachsener" Obstbaum überhaupt in den Garten passt.

Kräutergarten

Was wäre ein mittelalterlicher Garten ohne einen Kräutergarten wert? Dieser gehört einfach dazu, denn er ist gewissermaßen der Inbegriff der klösterlichen Gartenkunst. Die symmetrische Anordnung der Hochbeete zieht sich dabei wie ein roter Faden durch die Gartenentwürfe. Der St. Galler Klosterplan zeigt sie ebenso wie später der Nutzgarten von Albertus. Die Beete sind in zwei Reihen parallel aufgestellt. Je nach Platz können weitere Beete darum aufgebaut werden (siehe Abbildung im Abschnitt „Kräuter- oder Arzneigarten").

Für Ihre Planung ist der Platzbedarf ebenfalls von entscheidender Bedeutung. Um den typischen Charakter zu treffen, wären zwei parallele Reihen ratsam. Schon, um das charakteristische rechtwinklige Wegesystem zu erhalten. Die Hochbeete sollten viereckig und mit Holz umfasst sein (siehe Strabo „Und ich umzäume mit Holz es im Viereck …"). Ebenso denkbar ist aber auch Naturstein als Material. Schon unsere Vorfahren wussten offenbar um die Vorteile eines Hochbeets: Neben der Tatsache, dass man sich beim Arbeiten weniger tief bücken muss, sind auch die bessere Nutzung der Verrottungswärme sowie geringerer Unkrautbefall durch die erhöhte Lage zu nennen.

Im Klosterplan ist je Beet lediglich eine Pflanzenart notiert. Davon kann man natürlich abgehen, wenn man mehr Kräuter anbauen möchte als Beete zur Verfügung stehen. Man muss dann allerdings darauf achten, welche Gewächse als Pflanzenpartner zueinanderpassen.

Die durch die regelmäßige Anordnung entstandenen Wege sollten mit Kies, Rindenmulch oder Splitt bedeckt werden und ausreichend breit sein, um ungehindert arbeiten zu können.

Rosmarin

Tipp:

Auch wenn es im Mittelalter nicht möglich war, empfiehlt es sich, ein engmaschiges Drahtgitter im Bodenbereich des Hochbeets zu spannen, um Mäuse und ähnliches Getier fernzuhalten.

Nutzgarten

Der St. Galler Klosterplan beinhaltet neben dem Kräutergarten auch einen Gemüse- bzw. Nutzgarten. Die dort abgebildete Anordnung verwendet ebenfalls die im Mittelalter wohl so beliebte Gliederung mit parallelen Beetreihen. Insofern ist eine Anlage mit Hochbeeten hier ebenso denkbar. Zumal Strabo sie ja nicht nur für Kräuter, sondern auch für Wurzelgemüse wie Rettich vorsieht.

Um aber dem klösterlichen Kreuzgang gerecht zu werden, ist er die Basis für den Aufbau des Nutzgartens. Gegliedert wird die Fläche zunächst durch das Wegesystem mit einem umlaufenden Weg, der das Areal einschließt und dem markanten Wegekreuz, das sich im Zentrum der Fläche rechtwinklig kreuzt. Die unbefestigten Wege können konturiert werden durch niedrige Buchsbaumhecken, durch Holzplanken oder auch durch Natursteinreihen. Die Abgrenzung der Wege von den Beeten hat unter anderem den Vorteil, dass Rindenmulch, Splitt oder Kies sich nicht mit der Erde im Beet vermischt und die klare Gliederung erhalten bleibt.

Die entstandenen vier Flächen können nun als Rabatte und Beete für Zierpflanzen und Gemüse dienen. Gegebenfalls kann man je nach Größe der vier Sektoren noch einen Trampelpfad in der Mitte der jeweiligen Fläche berücksichtigen.

Im Klosterplan wird der Schnittpunkt des Wegekreuzes durch ein quadratisches Areal überlagert, in dem ein Sadebaum eingezeichnet ist. Die Betonung der Mitte liegt schon im Wesen des Kreuzes. Verstärkt wurde dieser Effekt mittels zusätzlicher Akzentuierung beispielsweise durch Brunnen oder, seltener, durch einen Baum. Insoweit kann man im eigenen Garten diesen spe-

ziellen Punkt ebenfalls hervorheben. Im Schnittpunkt kann ein kleiner kreisförmiger oder quadratischer Platz geschaffen werden. Reizvoll wirkt es, wenn man ihn mit Naturstein oder Hecken gestaltet. Das Zentrum des Platzes kann dann mit einem gepflanzten Baum, einem runden Beet oder mit einer von einem Naturstein umschlossenen Wasserschale ausgestattet werden.

Je nach Planung können zudem außerhalb des umlaufenden Weges Rabatte zur Verfügung stehen, die sich zwischen Weg und einer etwaigen Begrenzung befinden. Vor allem dort kann man die Betonung auf Zierpflanzen legen wie Pfingstrosen oder Osterglocken, aber auch sehr gut Beerengehölze wie die Stachelbeere anpflanzen.

Tipp:

Ein Beet sollte maximal 120 Zentimeter breit sein, damit die Gartenarbeit daran unproblematisch bleibt. Ist es breiter, muss man von beiden Seiten arbeiten können.

Wein (Vitis vinifera) im Mittelalter

Die Trinkgewohnheiten der Menschen im Mittelalter muten aus heutiger Sicht seltsam an. Wasser wurde in der Regel verschmäht, man trank Bier oder Wein. Das hatte allerdings handfeste Gründe. Wasser war damals häufig verunreinigt und ein Herd für allerlei Krankheiten. Insofern dienten sowohl Bier als auch Wein als Wassersatz.

Bereits in der griechischen Antike besaß der Weinbau einen hohen Stellenwert, aber erst die geschäftstüchtigen Römer sorgten für eine Verbreitung der beliebten Rebe. Nicht nur die Herstellung des Getränks stand im Fokus, sondern auch das dekorative Element der Kletterpflanze wurde sehr geschätzt. Mit Wein überrankte kreuzförmige Laubengänge schmückten die Gärten Griechenlands und Roms.

Für die mittelalterlichen Gärten in Deutschland finden sich keine Hinweise auf solche Anlagen. Trotzdem lässt sich die Kultivierung von Wein sogar bis ins heutige Gebiet Schleswig-Holsteins zurückverfolgen. Gefördert wurde dies durch eine Klimaerwärmung, der sogenannten mittelalterlichen Warmzeit. Auch das Kapitel 22 der „Capitulare de villis" behandelt den Anbau von Wein, obwohl er nicht auf der Pflanzenliste der Landgüterverordnung verzeichnet ist.

Der Weinanbau war in weiten Teilen Europas eng mit den Klöstern verknüpft. Beispielsweise musste laut Satzung jedes Zisterzienserkloster einen eigenen Weinberg besitzen. Weinbau war ein Vorrecht der Klöster und der adligen Oberschicht, später auch der wohlhabenden Stadtbevölkerung. Die Rebflächen hatten im Mittelalter eine deutlich größere Ausdehnung als heutzutage, schon um den Bedarf an Wein als Alltagsgetränk zu befriedigen. Weinberge gehörten in weiten Teilen Deutschlands somit zum gewohnten Landschaftsbild.

Es spricht also nichts gegen eine Verwendung der Rebe als dekoratives Element im eigenen mittelalterlichen Garten. Beispielsweise kann ein mit Wein bepflanztes Spalier eine moderne Häuserwand verhüllen. Auch eine berankte Laube, aus einem Holzgerüst errichtet, erzeugt eine reizvolle Wirkung und vermittelt einen alten Charakter.

Pflanzenliste Capitulare de villis

Die Pflanzen sind in der nummerierten Reihenfolge aufgeführt, zuerst steht der in der Liste verwendeten Name, dann die wissenschaftliche Bezeichnung und anschließend der deutsche Name:

1. lilium (Lilium candidum), Madonnenlilie
2. rosas (Rosa canina), Hunds-Rose
3. fenigrecum (Trigonella foenum- graecum), Bockshornklee
4a. costum (Saussurea costus), indische Kostuswurzel
4b. costum (Tanacetum balsamita), Frauenminze
5. salviam (Salvia officinalis), Garten-Salbei
6. rutam (Ruta graveolens), Weinraute
7. abrotanum (Artemisia abrotanum), Eberraute
8. cucumeres (Cucumis sativum), Gurke
9. pepones (Cucumis melo), Melone
10. cucurbitas (Cucurbita lagenaria), Flaschenkürbis
11a. fasiolum (Vigna unguiculata), Kuherbse
11b. fasiolum (Dolichos lablab), Helmbohne
12. ciminum (Cuminum cyminum), Kreuzkümmel
13. ros marinum (Rosmarinus officinalis), Rosmarin
14. careium (Carum carvi), Kümmel
15. cicerum italicum (Cicer arietinum), Kichererbse
16. squillam (Urginea maritima), Meerzwiebel
17a. gladiolum (Iris germanica), Deutsche Schwertlilie
17b. gladiolum (Gladiolus italicus), Siegwurz
18a. dragantea (Polygonum bistorta), Schlangenknöterich
18b. dragantea (Artemisia dracunculus), Estragon
19. anesum (Pimpinella anisum), Anis
20a. coloquentidas (Citrullus colocynthis), Koloquinthe
20b. coloquentidas (Bryonia alba), Weiße Zaunrübe
21a. solsequiam (Heliotropium europaeum), Europäische Sonnenwende
21b. solsequiam (Calendula officinalis), Ringelblume
22a. ameum (Ammi copticus), Ammei
22b. ameum (Meum athamanticum), Bärwurz
23. silum (Laserpitium siler), Bergkümmel
24a. lactucas (Lactuca sativa), Lattich
24b. (lactucas Lactuca virosa), Giftlattich
25. git (Nigella sativa), Schwarzkümmel
26. eruca alba (Eruca sativa), Ölrauke
27. nasturtium (Nasturtium officinale), Brunnenkresse
28. parduna (Arctium lappa), Große Klette
29. puledium (Mentha pulegium), Polei-Minze
30. olisatum (Smyrnium olusatrum), Pferde-Eppich
31. petresilinum (Petroselinum crispum), Petersilie
32. apium (Apium graveolens), Sellerie
33a. levisticum (Ligusticum mutellina), Mutterwurz
33b. levisticum (Levisticum officinale), Liebstöckel
34. savinam (Juniperus sabina), Sadebaum
35. anetum (Anethum graveolens), Dill
36. fenicolum (Foeniculum vulgare), Fenchel
37. intubas (Cichorium intybus), Wegwarte
38. diptamnum (Dictamnus albus), Diptam
39. sinape (Sinapis alba), Weißer Senf
40. satureiam (Satureja hortensis), Bohnenkraut
41. sisimbrium (Mentha aquatica), Wasser-Minze
42. mentam (Mentha spicata), Ähren-Minze
43. mentastrum (Mentha longifolia , Roß-Minze
44. tanazitam (Tanacetum vulgare), Rainfarn
45. neptam (Nepeta cataria), Katzenminze
46a. febrefugiam (Centaurium erythraea), Echtes Tausendgüldenkraut
46b. febrefugiam (Tanacetum parthenium), Fieberkraut

Pflanzenliste Capitulare de villis

47. papaver (Papaver somniferum), Schlafmohn
48. betas (Beta vulgaris), Schnittmangold
49. vulgigina (Asarum europaeum), Haselwurz
50. altaea (Althaea officinalis), Eibisch
51. malvas (Malva sylvstris), Wilde Malve
52. carvitas (Daucus carota), Möhre
53. pastenacas (Pastinaca sativa), Pastinak
54. adripias (Atriplex hortensis), Gartenmelde
55. blidas (Amaranthus blitum), Aufsteigender Fuchsschwanz
56a. ravacaulos (Brassica rapa), Stoppelrübe
56b. ravacaulos (Brassica oleracea var. gongylodes), Kohlrabi
57. caulos (Brassica oleracea), Kohl
58a. uniones (Allium fistulosum), Winterzwiebel
58b. uniones (Allium ursinum), Bärlauch
59. britlas (Allium schoenoprasum), Schnittlauch
60. porros (Allium porrum), Breitlauch
61. radices (Raphanus sativus), Rettich
62. ascalonias (Allium cepa var. ascalonicum), Schalotte
63. cepas (Allium cepa var cepa) Küchenzwiebel
64. alia (Allium sativum), Knoblauch
65. warentiam (Rubia tinctorum), Krapp
66a. cardones (Dipsacus sativus), Weberkarde
66b. cardones (Cynara cardunculus), Kardone
67. fabas maiores (Vicia faba), Saubohne
68. pisos Mauriscos (Pisum sativum), Erbse
69. coriandrum (Coriandrum sativum), Koriander
70. cerfolium (Anthriscus cerefolium), Gartenkerbel
71. lacteridas (Euphorbia lathyrus), Kreuzblättrige Wolfsmilch
72. sclareiam (Salvia sclarea), Muskatellersalbei
73. Jovis barbam (Sempervivum tectorum), Dach-Hauswurz
74. pomarios (Malus domestica), Apfelbaum, div.Sorten

75. pirarios (Pyrus communis), Birnbaum, div.Sorten
76. prunarios (Prunus domestica), Pflaumenbaum
77. sorbarios (Sorbus domestica), Speierling
78. mespilarios (Mespilus germanica), Mispel
79. castanarios (Castanea sativa), Eßkastanie
80. persicarios (Prunus persica), Pfirsisch
81. cotoniarios (Cydonia oblonga), Quitte
82. avellanarios (Corylus avellana), Haselnuss
83. amandalarios (Prunus dulcis), Mandel
84. morarios (Morus nigra), Schwarzer Maulbeerbaum
85. lauros (Laurus nobilis), Echter Lorbeer
86. pinos (Pinus pinea), Pinie
87. ficus (Ficus carica), Feige
88. nucarios (Juglans regia), Echter Walnussbaum
89a. ceresarios (Prunus avium), Süßkirsche
89b. ceresarios (Prunus cerasus), Sauerkirsche
90. malorum nomina, Apfelsorten
a. gozmaringa, Gosmaringer
b. geroldinga, Geroldinger
c. crevedella, Krevedellen
d. sperauca, Speieräpfel

Pflanzenliste Walahfrid Strabo (Hortulus)

Die Pflanzen sind in der Reihenfolge der Erwähnung aufgeführt, mit dem im Gedicht verwendeten Namen beginnend, dann die wissenschaftliche Bezeichnung und anschließend der deutsche Name:

1. salvia (Salvia officinalis), Salbei
2. ruta (Ruta graveolens), Weinraute
3. abrotanum (Artemisia abrotanum), Eberraute
4. curcurbita (Cucurbita lagenaria), Flaschenkürbis
5. pepones (Cucumis melo), Melone
6. absinthium (Artemisia absinthium), Wermut
7. marrubium (Marrubium vulgare), Andorn
8. feniculum (Foeniculum vulgare), Fenchel
9. gladiola (Iris germanica), Schwertlilie
10. lybisticum (Levisticum officinale), Liebstöckel
11. cerefolium (Anthriscus cerefolium), Kerbel
12. lilium (Lilium candidum), Lilie (Madonnenlilie)
13. papaver (Papaver somniferum), Schlafmohn
14. sclarega (Salvia sclarea), Muskatellersalbei
15. costus (Tanacetum balsamita), Frauenminze
16. menta (Mentha aquatica), Minze, ggf. Wasserminze
17. pulegium (Mentha pulegium), Poleiminze
18. apium (Apium graveolens), Sellerie
19. vettonica (Stachys officinalis), Betonie, Heil-Ziest
20. agrimonia (Agrimonia eupatoria), Odermennig
21. ambrosia: entweder (Achillea millefolium), Schafgarbe oder (Tanacetum vulgare), Rainfarn
22. nepeta (Nepeta cataria), Katzenminze
23. radices (Raphanus sativus), Rettich
24. rosa (Rosa canina), Hunds-Rose

Deutsche Schwertlilie

Orts- und Personenregister

Seitenzahlen: Normal gesetzt verweisen sie auf Erwähnungen im laufenden Text, kursiv gesetzt verweisen sie auf Erwähnungen in Bildlegenden.

Bild- und Quellennachweis

Bildnachweis

Deutsche Burgenvereinigung e.V.: 41

Fotolia: © ferretcloud 2, ArTo 8, Krzysztof Napierala 12, etfoto 13, yellowj 14, vieraugen 33, mocav 34, 35, Wolfgang Zwanziger 36, Fotolyse 38, Solodovnikova Elena 43, BeTa-Artworks 44-45, dd 46, slavonac1968 48, Sternstunden: Medieval herb- and flower garden 49, Wilm Ihlenfeld: Buchs im Kübel freigestellt 49, Mundi 50-51, Joachim Opelka 63, unpict 68, angorius 70, emer 78, 94, Ott 80, Thomas Duchauffour 81, mirpic 85, bynicola 86, digitalfoto105 87, Lichtbildnerin 88, Heike und Hardy 90, 91

Garten-Strabo.eps: 79

Germanisches Nationalmuseum, Nürnberg: 21

Hof, Bruno: 1, 3, 6-7, 30, 76-77

Karlsgarten Aachen / Freundeskreis Botanischer Garten Aachen e. V.: 39, 89

pixelio: CFalk 18, Makrodepecher 20, BTOIPS 37, ThoSt 42

Regionalia Verlag, Archiv: 22 (Deutsches Handwerk im Mittelalter, Leipzig 1935), 23 (Walahfrid Strabo, Hortulus. Vom Gartenbau, St. Gallen 1957), 26 (Vornholt, Holger, Kleine Klosterkunde, Rheinbach 2012)

Stadt Burg Stargard, Kultur und Tourismus: 37

Städel, Frankfurt am Main: 31

Stockphoto: 24, 82, 83

Verwaltung der Staatlichen Schlösser und Gärten, Museum – Bibliothek / Fotoarchiv, Bad Homburg v.d. Höhe: 40

Wikimedia Commons: o.A. 56-57, Johannes D. 16, Andreas Praefcke 28

Quellennachweis

Alberti, Leon Battista, Zehn Bücher über die Baukunst, Darmstadt 1975

Albertus Magnus, De Vegetabilibus Libri VII., Nachdruck der Ausgabe Berolini 1867, Frankfurt am Main 1982

Bazin, Germain, DuMont's Geschichte der Gartenbaukunst, Köln 1990

Böswirth, Daniel / Thinschmidt, Alice, Handbuch Gartengestaltung, Leopoldsdorf bei Wien 2004

Frank, Sabine, Mein Garten ist mein Herz. Eine Kulturgeschichte der Gärten in Deutschland, Köln 2011

Hennebo, Dieter, Gärten des Mittelalters, München und Zürich 1987

Isidor von Sevilla, Die Enzyklopädie des Isidor von Sevilla, Wiesbaden 2008

Keller, Herbert, Kleine Geschichte der Gartenkunst, 2, verb. u. erw. A., Berlin 1994

Muhr, Gisela, Hildegard von Bingen. Der Mensch im Einklang mit der Natur, Rheinbach 2012

Internet: www.biozac.de, www.familia-ministerialis.de, www.gartendatenbank.de, www.hradetzkys.de, www.kraeuter-verzeichnis.de, www.medbio.de, www.natur-lexikon.com, www.nuernberger-hausbuecher.de, www.tandaradey.de, www.turba-delirantium.skyrocket.de, www.wikipedia.org

Pfeiffer, Franz (Hrsg.), Konrad von Megenberg. Das Buch der Natur. Die erste Naturgeschichte in deutscher Sprache, Stuttgart/Aue 1861

Stoffler, Hans-Dieter, Der Hortulus des Walahfrid Strabo, Stuttgart 2000

Strabo, Walahfrid, Hortulus. Vom Gartenbau, St. Gallen 1942